JN439113

흔적

김양희 제5수필집

세종출판사

목차

I
문향
文香

II 서사 敍事

III 여창 旅窓

IV 인물 人物

V 외도 外道

문향

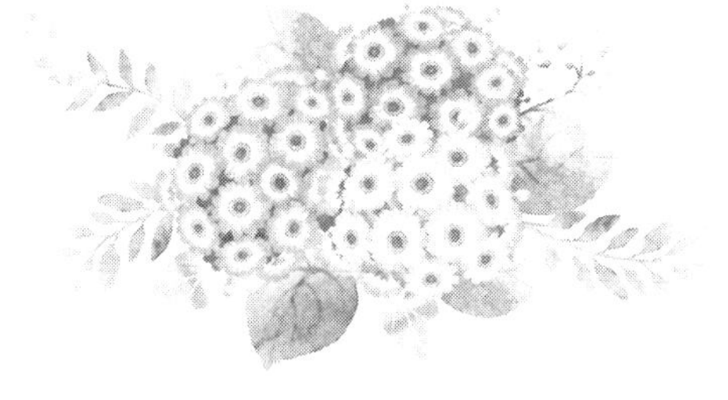

두향杜香의 매화 뜰에서

서원으로 향하는 길목은 나지막하게 푸른 향나무가 심어져 있었다. 나무에서 풍기는 학문의 향기를 맡으며 문우 몇 분과 함께 오솔길을 걸었다. 적막의 포로가 된 듯 조용히 걷고 있자니 학문을 연마하던 선비들의 글 읽는 소리가 도란도란 들리는 것 같았다. 그렇게 군자마을의 노산서원陶山書院을 찾았다. 인적 드문 고즈넉한 산길은 맑고 고요했다.

가을이 오는 시월 어느 날, 두향의 매화원梅花園 앞에 섰다. 수백 년 수령을 이고 선 매화의 수피는 잎을 다 떨구고 굵고 검은 몸매로 하늘 향해 몇 개 가지를 뻗었다. 흰 눈이 오고 매운 한파를 견디고 나면 다시 또 꽃 피울 봄날을 기다리며 퇴계를 향한 연심戀心을 키우고 선 것이다. 땅속 깊이 뿌리내린 일념의 절개는 세월 가도 의연하게 고목의 기품을 간직하고 있다.

퇴계가 단양군수 시절에 만났던 관기 두향으로 인해 매화를 사랑해 선생의 매화 시는 1백 수가 넘는다고 했다. 과연 그럴 만했다. 서원의 사액 현판이 게시된 전교당典敎堂 앞뜰에는 여기저기 심어진 매화가 세월의 무게를 이고 서 있었다.

만남 당시 퇴계 48세, 두향이 18세, 서른 살의 나이 차이였다. 두향은 시詩와 서書 가야금에 능했고 특히 매화를 좋아했다. 당시 선생은 부인과 아들을 잇달아 잃었던 상태였으니 해어화解語花였던 동기童妓는 마음 걸어 둘 의지처가 됐는지도 모른다. 두향은 월하정인月下情人처럼 초롱불 앞세워 선생을 향한 연모의 정을 태웠을까. 그러나 9개월 만에 두 사람의 깊은 사랑은 끝이 났다. 퇴계가 풍기군수로 옮겨갈 때 선생의 짐 속에는 두향이 준 수석 두 개와 매화 분 하나가 들어 있었다.

두 사람은 이후 퇴계가 69세 나이로 서거할 때까지 한 번도 만나지 않았으나 두향은 그 후 기적妓籍에서 떠나 남한강가에 움막을 치고 평생 선생을 그리며 살았다.

퇴계 선생은 그 뒤 부제학, 공조판서, 예조판서 등을 역임했고 말년엔 안동에 은거했다. 사후에는 영의정으로 추증되었다. 선생의 부음을 들은 두향은 나흘간을 걸어서 안동을 찾았다. 한 사람이 죽어서야 두 사람은 만날 수 있었다. 가슴으로 품었던 임의 영정을 먼발치서 숨어서나 바라볼 수 있었을까.

다시 단양으로 돌아온 두향은 결국 남한강에 몸을 던져 생을 마감했다. 두향의 사랑은 한 사람을 향한 지극히 절박하고 준엄한 사랑이었다. 이제 시대의 간극을 넘어 충주댐 강선대 근처 구담봉에 있는 두향의 묘에는 한 떨기 망부 꽃이 설중매로 피어난다. 두향의 생애는 사람을 사랑한다는 것, 그것의 깊은 의미를 생각하게 한다.

당시 두향이 퇴계 선생에게 주었던 매화는 그 대代를 잇고 이어 도산서원 입구에 피고 있다. 이번 안동 기행의 이유는 두향의 매화를 보기 위함이었다. 한 여인의 넋이 배인 나무는 선생의 생존 시 지어진 도산서당 앞뜰의 시들지 않은 고목으로 자라났다. 한 그루 매화 목에서 천출이었으나 귀한 사랑을 바친 두향의 숨결을 읽는다. 그대 있음에 봄철마다 매화 향은 식지 않은 정념의 향기로 서원을 가득 메울 터, 사랑의 힘은 죽어도 죽지 않는 것이다.

유물전시관에는 선생의 생전 유품들이 진열돼 있다. 주요 저서인 도산십이곡과 언행록言行錄 등 많은 전적류도 있지만 서예 입문자의 눈길을 끄는 것은 옥서진玉書鎭과 매화연梅花硯이다. 평생의 손길이 닿았을 선비의 유품들에서 고매한 학문의 자취를 느껴본다.

서원을 나와 강 건너편 시사단試士壇을 무연히 바라본다. 조선시대 지방별과地方別科를 보던 자리건만 지금은 안동댐의 수몰로 송림은 없어지고 강물 한가운데 섬처럼 비각만 덩그마니 섰다. 사라지는 유교문화의 전승을 위해 요즘은 도산별과를 재현하는 한시 백일장인 도산별시陶山別試가 서원 내부에서 열리고 있다고 한다.

서애 유성룡의 흔적이 밴 병산서원도 그랬지만 학문을 닦던 서원의 풍수는 어디든 산자수명한 게 특징이다. 어김없이 앞에는 강물이 흐르고 산들이 병풍처럼 둘러싸인 곳이다. 한국 정신문화의 수도라 일컫는 안동의 기운과 선비문화의 품격이 엿보이는 부분이다. 낙동강의 본류를 따라 흐르는 강변에 서서 풀벌레 소리를 듣는다. 조용한 서원의 오후는 숨죽인 채 고요하다.

초대해 준 문우 댁에서 안동의 아침을 맞이한다. 물안개 자욱한 개울에선 졸졸 물소리가 들렸다. 천지는 안개에 묻혀 꿈처럼 몽롱했다. 소리 없는 안개비에 머리가 흠뻑 젖는 줄도 모르고 새벽 산책길 나선 일행과 무진기행을 이야기하며 걷고 또 걸었다. 삽살개 한 마리가 뒤를 따랐다. 잉골의 새벽은 정적 속에 묻혀 있었다. 끝없이 이어진 에덴동산의 사과밭을 지나 오르막인 의곡 저수지에 이르자 더는 길이 없었다.

거기까지가 정점이었다. 돌아선 길에 두 사람은 그만 길을 잃고 말았다. 어젯밤 어둠 속에 찾아든 집을 새벽 어스름에 나왔으니 집 찾기가 난감했다. 납작하게 엎드린 시골집은 거기가 거기였다. 낯선 동네의 새벽은 무정했다. 고샅길엔 사람 그림자 하나 없고 찾아든 대로에는 덤프트럭만이 쌩쌩 먼지를 날렸다. 이게 아닌데. 둘은 다시 오던 길을 되돌아 개울물 소리의 흔적을 더듬었다.

가지가 휘어지게 열린 왕대추를 따먹기도 하며 오랍들을 지난 미로 찾기의 우여곡절 끝에 숙소를 찾아서야 그런 생각이 들었다. 인생은 결국 타향에서 길을 찾아 헤매는 것이 아닌가 하는. 가라 해서 온 것도 아니요, 어디가 끝인지도 모른 채 우리는 걷고 있다. 세월 저 너머 전설이 된 두향의 사랑을 찾아 나선 길, 낯선 동네의 새벽길에서 나는 또 하나의 진리를 터득하고 있었다.

배소配所의 고독

가족의 겨울여행을 위한 검색 전에는 남해에 '유배문학관'이 있는 줄도 모르고 있었다. 하긴 올해 개관 2주년을 맞았으니 그럴 만도했다. 목적지였던 〈편백 자연휴양림〉은 겨울 숲의 쓸쓸함만 주었을 뿐, 다랭이 마을의 민박보다도 의미 있었던 시간은 유배문학과의 만남이었다. 남해 외곽 남변리에 위치한 문학관은 황량하게 넓고 광활했다. 마침 추적추적 겨울비마저 내리고 있어 시설 규모의 방대함에 비해 사람 발길이 뜸해 매우 한적한 분위기였다.

유배객들이 형틀에서 감옥으로, 다시 유배지로 압송되는 과정을 체험하는 동안 그들 고통이 출렁이는 물결 타고 내 안으로 스며들기 시작했다. 그들은 유배지의 한없는 고독 가운데서도 임금과 가족을 그리며 문학의 꽃을 피운 숭고한 혼들이었다. 늦은 밤 외딴섬의 호롱불 하나, 선비의 한과 넋은 오롯이 작품 속에서 다시 살아난다.

공동체를 생활 기반으로 삼는 조선사회에서 유배형은 종신토록 생활공동체로부터의 배제를 의미하는 혹독한 형벌이다. 절대 권력 앞에서 억울한 참형인들 얼마나 많았으랴만 그들은 하늘같은 어명 하나로 세상과 유리돼 참혹한 시간들을 견뎌야 했다.

유배문학의 효시는 고려시대 동래로 귀양 간 '정서'가 지은 〈정과정〉이라 볼 수 있으나, 조선시대에는 '조위'가 무오사화 때 전라도 순천에 유배되어 지은 〈만분가〉를 유배가사의 효시로 꼽을 수 있다고 전한다.

자암自庵 김구金絿는 화전별곡花田別曲에서 남해를 망망내해에 뜬 한 점 신선의 섬에 비유했다. 조광조와 함께 도학정치를 꿈꾸던 그는 기묘사화 때 32세 젊은 나이로 남해에 유배됐다. 절대적 권력 앞에 항거한 유학자는 이후 십삼 년간 남해 향사들과 함께 시와 술로 마음을 달랬으며 노래와 구슬픈 거문고 소리가 있어 그나마 잠들 수 있었다.

문학관 한쪽 벽면을 커다랗게 채운 '서울이 부러우냐?'는 편액 앞에서 발걸음이 오래 머문다. '서울의 번화함이 너는 부러우냐. / 붉은 대문 안의 술과 고기가 너는 좋으냐. / 돌밭 초가에서 살아도 / 언제나 세월의 풍족함으로 화합하는 시골 모임을 나는 좋아하노라.'

날마다 고향 그리며 봉우리에 올랐으나 소식은 아득한 채 산과 바다만 겹겹이 쌓인 배소에서의 생활, 모친과 아내가 보낸 옷과 환약을 받으며 술잔 가득 넘치는 상념을 사향思鄕이란 시에 담기도 했다. 권력의 허망함을 너무 일찍 깨달은 자암은 귀양지의 절망을 오히려 초월적 문학정신의 경지로 승화시킨 것이다.

남해의 대표적 유배객이었던 서포西浦 김만중金萬重은 장희빈 일가를 둘러싼 언사의 변으로 유배형을 받았다. 〈서포만필〉에서 그는 한글예찬론을 펼쳤다. 문학관 초입 벽면에 새겨진 말처럼 '자기 나라 말을 버려두고 남의 나라 말로 시문을 짓는다는 것은 앵무새가 사람의 말을 하는 것과 같다'고 하며 한자 숭상의 풍토를 비판하고 우리말 우리글의 중요성을 강조했다.

자신의 한글예찬론을 증명이라도 하듯 그가 쓴 〈구운몽〉

과 〈사씨남정기〉는 한글소설시대를 꽃피우는 징검다리가 됐다. 숙종이 인현왕후를 폐하고 희빈 장씨를 왕비로 맞아들이자 왕의 마음을 바로잡기 위해 씌어진 남정기는 목적소설로 알려지고 있다.

작중인물의 사씨 부인은 인현왕후를, 유한림은 숙종을, 요첩妖妾고씨는 희빈 장씨를 각각 대비시킨 것으로 궁녀가 이 책을 숙종에게 읽도록 하자 회개하여 인현왕후 민씨를 복위하게 했다는 일화가 전해진다. 서포는 소설을 통해 나라를 바로잡고자 했던 충忠과, 사친시思親詩에서 어머니 해평윤씨를 그리는 효의 마음을 담았다.

김만중이 칠 년 후 56세를 일기로 배소에서 생애를 마치자, 숙종은 만중의 사위 이이명을 남해로 유배지를 옮기게 했다. 이이명은 장인의 적소에 들러 유해를 보지 못함을 안타까워했다. 김만중의 적소는 황폐했고 마당에는 초췌히게 시든 매화나무 두 그루가 있었다.

사위는 매화를 자신의 우거에 옮겨 심어 다시 소생시키고는 동시대의 아픔을 함께 나눴던 장인과 사위의 애틋한 정을 '매부梅賻'를 지어 노래했다. 지금도 노도에는 서포 김만중의 유허지가 당시의 정황을 말해주듯 거친 해풍을 이마로 받으며 낡은 초가의 모습으로 남아있다. 남해의 노도와 그때 불던 바람은 고독했던 선비정신과 우국충정을 기억하고 있을까.

어두운 밤 깊어가는 적막 속에서 오래도록 책을 읽던 선비의 호롱불을 생각하며, 엄혹한 시대의 아픔을 몸으로 견뎠던 그 절망의 사념 속으로 들어가본다. 단비처럼 내리는 쓸쓸한 평화는 없을지라도 서책과 문학이 있었기에 기다림을 간직한 숱한 번민의 밤을 새울 수 있지 않았을까. 그 아픔의 시간들이 오늘날 활짝 핀 유배문학의 꽃으로 피어났다.

인생은 유배다. 먼먼 별에서 지구로 흘러들어온 유랑민들. 근원적인 좌절과 고뇌를 벗어날 수 없는 우리네 삶의 자리는 고독과 그리움의 가시로 위리안치圍籬安置된 유형의 섬이다. 결국 혼자일 수밖에 없는 인간의 한계는 적막한 배소에서의 어둔 밤에 비유할 수가 있음이다. 여행에서 돌아와서야 그런 생각이 들었다. 남해 유배문학관을 돌아볼 때만 해도 시대를 역행해 아픈 시간들을 견뎌야 했던 유배객의 설움만을 마주했었다.

겨울비를 맞으며 유배문학관을 돌아 나오던 날, 풀리지 않는 생각의 실마리들이 마음속에 크게 회오리를 쳤다. 그것은 남해바다의 성난 파도소리였을까.

노도櫓島에 부는 바람

노도를 떠나올 때 뱃전의 옆자리에는 현지 할머니 한 분이 앉아 있었다. 사월 바람은 쌀랑했고 물결은 바닷속처럼 고요했다. 작은 쪽배가 미끄러지기 시작하자 서포 김만중의 유허지 노도는 푸르른 적막을 간직한 채 시야에서 점점 멀어지고 있었다. 마음은 착잡했고 가슴속에 담은 시린 성삼은 함부로 입 밖으로 내서 말하고 싶지 않았다. 인어란 너러 얼마나 공허한 메아리이던가.

출렁이는 물결을 담담히 바라보는데 갑자기 허기가 밀려왔다. 때는 열두 시였다. 나는 배낭에 든 김밥을 꺼내 옆에 앉은 할머니에게 절반을 권했다. 노도 포구의 오래된 팽나무 그늘에 앉아 배를 기다리며 서포가 살던 집에 대해 이것저것 역사의 자취를 묻기도 했던 그 할머니였다.

할머니는 은박지에다 다소 풀린 김밥을 곱게 쌌다. 아직 시장기가 동하지 않은 듯했다. 그러더니 보퉁이에서 무언가를 부스럭거리기 시작했다.

"이거 변변찮지만 가져가서 먹어요." 제법 불룩한 비닐봉지를 열어봤더니 방금 딴 머위가 소복이 들어있었다. "우리 밭에서 내가 딴 건데 다듬지 않아도 될 거유." 만져보니 정말 겉에 센 줄기마저 일일이 벗겨내 맨들한 속 줄기가 야들하고 부드러운 맨살 촉감으로 잡혀왔다. 머위 줄기를 다듬느라 손톱이 까매지곤 하던 기억이 언뜻 스쳐가 고마움이 더욱 배가 됐다.

그때 문득 어머니의 뒤란이 떠올랐다. 친정집 뒤란에는 머위가 지천으로 널려 있곤 했다. 이맘때면 줄기차게 뻗어가는 머위 잎의 쌉싸래한 맛은 시든 입맛을 돋우는 감칠맛 나는 봄나물이었다. 어머니가 뜯어주는 한 아름의 머위 잎사귀는 털이 보송한 센 줄기를 죽죽 발라내고 데쳐서 쌈으로 즐기기도 하고 들기름에 볶아 무쳐 먹으면 그 맛이 일품이었다.

"할머니, 너무 고마워요. 제가 얼마나 좋아하는 나물인데… 이렇게나 많이 주시다니요." 온몸으로 반기는 나의 진정이 전달됐음인지 할머니는 또 보퉁이를 뒤졌다. "이건 약간 어린잎인데 무쳐 먹으면 좋을 거유. 이렇게 한 자리에 앉게 된 것도 인연인데." 나는 너무 흥감해서 미처 할 말을 잊고 있었다. 그토록 좋아하는 머위 잎을 두 뭉치나 얻게 됐으니 흥감할 수밖에 없었다.

조선조의 문신이요 소설가였던 김만중金萬重은 예학禮學의 대가인 김익겸의 유복자로 태어났다. 익겸은 병자호란 시 조정이 청나라 침략군에게 항복하자 그 울분을 참지 못해 강화도에서 자결하고 만다. 그의 처 윤씨 부인은 당시 만삭의 몸이었다. 그는 한양의 친정에서 곁살이를 하며 복중 태아였던 만중을 키웠는데 곤궁한 처지에도 아들 교육을 게을리 하지 않았다. 관헌에게 책을 빌려다 손수 베껴서 주기도 하고, 베틀 위의 비단을 잘라 책을 사다 주는 등 혼신의 힘으로 아들을 길러냈다.

어려서부터 어머니에게 글을 배웠고 숙부의 가르침을 받았던 만중은 스물여덟에 과거시험에서 장원급제해 암행어사가 되어 경기도와 삼남지방을 두루 다스렸다. 후일 점점 높아진 벼슬은 예조참의, 공조판서를 거쳐 홍문관의 대제학이 되었으나 곧은 성품으로 조정의 미움을 사게 돼 한반도의 끝인 외딴섬 남해로 귀양을 가게 된다.

그의 어머니는 자식이 슬퍼할까 봐 조금도 괴로운 내색을 하지 않고 "내 걱정일랑 하지마라. 나는 네가 옳다는 것을 믿는다. 언젠가는 상감께서도 너를 용서하실 테니 아무 근심 말고 가거라." 하며 아들을 위로했다. 만중도 태연히 작별인사를 했으나 아버지 없이 온갖 고생을 하며 길러낸 자식을 귀양 보내야 하는 어머니를 생각하면 참혹하기 그지없었을 것이다.

하기는 귀양살이에도 네 가지 즐거움이 있었다고 하던가. 간섭하는 이 없으니 해가 뜨도록 늦잠을 자는 일, 푸른 해풍을 벗 삼아 산책하는 일, 책을 읽는 재미와 집필의 낙이 있다고 했으니 만중은 네 번째의 즐거움을 대부분 어머님을 위로하는 소설 쓰기에 매달렸다. 그렇게 태어난 것이 숙종 때 한글소설문학의 선구자가 된 〈구운몽〉과 〈사씨남정기〉였다.

꿈과 현실의 세계가 교차되는 구운몽, 꿈의 세계는 욕망을 추구하는 세계요 현실 세계는 인생이 일장춘몽이라는 깨달음의 소설이다. 인간의 모든 부귀영화는 덧없이 사라지며 욕심과 집착을 비울 때 진정한 자아가 완성된다고 했으니 우리는 지금 꿈과 현실의 어느 지점을 추구하고 있을까.

남해군 상주면 백련포구에서 조금 떨어진 섬 노도는 김만중이 유배지에서 위리안치 된 지 삼 년 만에 56세의 일기로 안타깝게도 생을 마감한 곳이다. 노도는 임진왜란 당시 노를 많이 생산했다 해서 노도라고 부른다 했다.

숙연한 마음으로 선배 문인의 유허지를 돌아본다. 주인 떠난 지 삼백여 년이 지난 지금도 그가 직접 팠다는 샘터, 초옥터와 허묘가 남아있었다. 호롱불 아래서 밤늦게 어머니를 그리며 사친시思親詩를 썼던 김만중의 숨결이 노도의 바람결에 실려 오고 실려 갔다.

만중의 혼백이 선물로 준 그날의 머위 나물은 여러 집에 나누게 됐으니 서포가 내게 준 정표라기엔 너무 특별한 봄날의 선물이었다.

집과 사람

바람이 머문다. 좁은 골목을 돌아 막다른 파란 대문 앞에서 더는 갈 곳이 없나보다. 돗자리를 깔고 부채질하는 아낙들 옆에서 머문다. 바람은 편한 곳을 찾아 잠시 쉬어갈 모양이다.

바람이 쉬어가는 곳, 아파트로 이사하기 전에 살던 주택은 막다른 골목의 안집이었다. 동네에선 '나무 많은 집'이라 불렀지만 마당의 좁다란 화단에는 그늘이 많아 식물이 잘 자라지 않았다. 천장만 썰렁하니 높은 거실 평수를 줄이고 마당을 조금 넓혀 정남향으로 설계했다면 아끼던 모란이 쑥쑥 더 잘 자랄 것도 같았다. 그러나 결혼 후 6년 만에 처음 마련한 붉은 벽돌집에서 두 아이를 길렀고 우리 가족의 애환과 흔적들은 고스란히 담장과 건물 곳곳에 부적처럼 새겨지고 있었다. 이사를 한 것은 그 집에서 스무 번의 김장을 한 후였다.

건축은 사람의 생활을 담는 그릇이다. 건축의 공간 속에 사람의 삶과 활동이 없다면 한갓 구조물에 불과하다. 땅과 하늘 사이에 건물이 있고 그 건물은 사람의 영혼을 수용하고 역사를 창출한다. 파란 하늘 높이 우뚝 선 초고층 빌딩 사이로 한 마리 새가 날아가는 모습에서도 사람들은 자유를 구가할 수 있다. 건축과 사람이 하나 되는 영혼의 자유.

도시 이미지를 창출하는 건축사는 시대의 삶과 풍경을 책임지는 사람이다. 사람이 다른 사람에게 자신도 모르게 남기는 흔적, 산다는 일은 어쩌면 서로에게 흔적을 남기는 일이다. 공간 그리고 풍경, 변화무쌍한 삶에서 시대적 징표를 남기는 일은 다른 예술이 흉내 낼 수 없을 것이다. 사람들은 집을 짓지 않는다. 다만 사고팔 뿐이다. 투자와 생활공간으로서의 집은 전문가의 손길에서 탄생하는 무형의 자산이다.

집에 가보면 그 사람의 취향을 알 수 있다. 집 속에 시간, 공간, 삶의 흔적이 배어있기 때문이다. 삶의 가장 기초적인 공간인 집에서의 시간이 편안하다면 그 주인의 삶이 안락할 것이다. 사랑 또한 둘이 함께 집을 지어가는 것이 아닐까. 그런 의미에서 주거공간으로서의 집은 자연친화적이어야 할 것이다.

거창에 있는 친척집을 방문한 적이 있다. 연로하신 그의 부모님이 계신 아래층을 지나 이층 나무계단을 오르자 주홍빛 황토 방이 나왔다. 방 안에 들어서자 한쪽 벽을 세로로 길게 붙인 유리창 너머로 하늘, 구름, 산이며 나무들이 온통 한눈에 들어왔다. 창이 자연을 담은 액자가 되고 있었다. 자연과 사람과 건물의 조화가 몸으로 느껴지는 집이었다. 자연 친화적인 이런 공간이라면 노후의 삶이 그리 고달프지 않아도 될 것 같았다.

경주 양동마을 고가에 가면 마음이 편안해진다. 대청마루에서도 산천경개를 가까이 품고 살았던 조상들의 지혜는 사람도 자연의 일부임을 말하고 있는 것이 아닐까. 현대문명이 아무리 발달하고 높다란 빌딩들이 하늘을 찌른다 해도 이같이 사람과 자연이 하나 되는 건축설계가 있다면 고달픈 삶이 위로받을 수 있을 것이다.

바르셀로나에 있는 가우디의 성당 또한 자연을 매개로 하고 있었다. 직선을 배제하고 곡선을 최대한 살린 건물의 실루

엣은 바람이 지나가듯, 물결소리가 들리는 듯 인간 본성의 선함과 부드러움을 표출한 현대 건축의 백미임을 느낄 수가 있었다. 평생을 수도자처럼 독신으로 살다 간 가우디의 걸작품은 후세에도 건축이 주는 미적감각을 충분히 채워주고 있었다. 이같이 훌륭한 건축물에서 사람들은 감동을 받고 그 감동은 삶을 건강하게 만든다.

예술이란 작가의 감각으로 허공의 빈자리를 채워가는 일이다. 흔히들 시詩를 말씀言의 사원寺이라고 하듯이, 건축 또한 삶의 시가 될 수는 없을까. 역사와 시간과 삶이 켜켜이 쌓이는 건축의 공간이 '생존'만 있음이 아니라 편안히 쉴 수 있는 '생활'이 함께 할 수 있다면 팍팍한 삶이 보다 부드럽게 영위될 수가 있다.

작가들이 언어의 유희로 흰 백지를 채워나가듯, 세상의 빈 곳들이 건축가의 땀이 스민 예술 혼으로 채워질 수 있을 때, 우리 사는 세상은 보다 아름다워질 것이다. 사람이 없는 집과, 집이 없는 세상을 상상할 수 있는가.

빈집을 본다. 관념의 틀 사이로 빠져나간 영혼들을 본다. 한 손으로 치맛자락 부여잡고 한 손으로 우산을 든 채 종종걸음으로 집을 나선다. 어디로 향하고 있을까. 오월, 빗소리, 어린 날의 어느 한 순간, 생각이 멈춘 유년의 기억. 집은 어디에나 있고 어디에도 없다. 이 같은 유년에 머문 어느 한 순간 꿈속에서도 명료한 집의 기억은 존재하고 있다.

형제들이 포도송이처럼 매달렸던 빈한한 시절에 커다란 집은 꿈이요 이상이었다. 마당 넓은 집을 가진 지진아였던 친구, 가끔씩은 내가 그 집의 외동딸이 되어보기도 했다. 타작마당에선 나날이 탈곡기 소리가 들렸다. 그러나 잠에서 깨어나면 득달같은 현실이 내 앞에 몰려오곤 했다. 새벽은 원하지 않아도 어김없이 나날이 열려왔다.

창호지 사이로 여명이 다가올 때였다. 풀잎에 젖은 바람이 문틈으로 스며들어와 가볍게 푸른 춤을 춘다. 깃털처럼 가볍고 경쾌하게 너울대는 바람처럼 마음의 고요를 일깨워 나도 함께 춤을 춘다. 춤이 흐른다. 관념의 탱고가 레테의 강을 건너간다. 망각의 강물 따라 나는 여기까지 흘러왔구나. 황혼. 그 회색 눈동자.

생을 잠재우는 안식의 공간, 가족들의 화목한 웃음이 있고 이상을 펼쳐나갈 수 있는 여백이 있는 한 그 삶은 무한의 창조를 이어나갈 수 있다. 집이 있어 사람이 있고 사람이 있어 집이 있다.

꽃의 길을 가다

숲길에 들어서자 굵은 빗방울 몇 개가 후두둑 떨어졌다. 밤새 내린 비를 머금은 나무들이 바람에 일렁일 때마다 이마에, 빰에 톡톡 '물방울노크'를 했다. 산천에 푸르스름한 새벽이 밝아오고 있었다. 홀로 가는 새벽길은 단순해서 좋다. 일행과의 보폭이나 대화의 조절 같은 것이 없어도 되기 때문이다. 손에 쥔 향나무 묵주의 기도에만 전념할 수 있는, 자신의 영혼에 가장 충실할 수 있는 새벽 시간은 언제나 넉넉한 충일감을 준다.

약수터에는 작년 그 자리에 황금빛 복수초가 노란 새싹을 내밀고 있다. 겨울에서 봄이 오는 맨 처음 전령사. 아직 잔설이 온전히 녹지도 않았는데 언 땅을 헤치고 나온 새아씨 맑은 표정이 눈길을 잡는다. 무슨 영화를 보겠다고 찬바람 헤집어 이 풍진 세상을 다시 찾아온 걸까. 매화는 우뚝 선 가지에서 자태를 뽐내지만 이 꽃은 원시의 땅에 그냥 엎드려 수줍게 봄을 알린다. 혹한을 헤치고 눈길 더듬어 봄을 알리는 꽃, 예부터 복수초가 피어나면 화분에 담아 존경하는 이에게 선물하는 풍습이 있었다고 하니 상서로운 꽃임에는 틀림이 없다.

산길 후미진 곳에는 원추리 군락이 있다. 두 줄로 겹쳐난 초록 이파리 윗부분에 황색 꽃이 달리면 꺾어다 화병에 꽂고 싶은 충동을 억제해야 하는 꽃이다. 난초를 닮은 푸른 잎은 나물로도 무쳐 먹으니 이로운 식물임에 틀림이 없다. 꽃은 매일 새로 피어났다. 피어서는 하루만 지나면 지고 대신 새 꽃이 연달아 피곤했다. 잉태한 부인이 원추리 꽃을 허리에 차면 아들을 낳는다는 전설이 있었으니 간절한 그리움은 꽃과 같은 것일까.

일제강점기 암울한 시대 배경 속에서도 하잘것없는 풀꽃들은 '그날'을 기다리며 이 땅을 지킨 민초의 상징이기도 했다. 삽주 꽃, 비비추 꽃, 노랑 매발톱, 마타리와 지천에 널린 구절초와 쑥부쟁이… 사람의 삶 역시 기다림으로 가득 차 있다.

어쩌다 기다리는 사람이 오는 수도 있지만 그래도 더 많은 기다림은 여전히 남아있다. 그러나 계절의 순환은 변치 않으니, 한 번 가면 오지 않는 사람보다는 때 되면 꽃피우는 꽃의 숙명은 사람보다 훨씬 행복하다 하겠다.

기관지나 목감기에 탁월한 효능을 가진 도라지는 그 청초하고 앳된 모습에 비해 슬픈 전설을 지니고 있다. 옛날 도라지라는 처녀가 식구라곤 없이 먼 친척 오빠와 둘이 살았다. 어느 날 오빠는 중국에 공부하러 떠나고 처녀는 어느 절의 스님에게 맡겨졌다. 십 년을 기약하고 떠난 오빠는 세월이 지나도 오지 않고 결혼했다느니, 돌아오던 배가 파산했다느니 흉흉한 소문만 들려왔다.

도라지는 혼자 살기로 산신령과 약속을 했고, 세월이 흘러 백발 노파가 된 도라지는 그리움에 사무쳐 문득 옛날 오빠를 기다리던 산에 올라 바다를 바라보았다. 그리고는 '지금이라도 오빠가 돌아와 준다면' 하고 나직이 혼잣말을 했다.

그러자 뒤에서 누가 '도라지야, 이것 봐.' 하는 소리가 났다. 돌아보는 순간 그녀는 그대로 꽃이 되었다. 혼자 살기로 맹세하고는 또 다시 오빠를 기다리므로 산신령이 벌을 내린 것일까. 애절한 기다림은 꽃의 이름으로 다시 살아난다. 흰

색과 보라색의 청초한 꽃대를 피우는 도라지는 그 순결한 기다림이 있어 더욱 돋보이는지도 모른다.

전설은 현실적 근거가 없는 허황된 이야기나 풍설인지도 모른다. 그러나 꿈이 없는 현실에서 더러는 꿈속으로 젖어들고 싶은 환상에서 전설에 미혹되는 게 아닐까. 그래선지 한 철 피었다 거짓말처럼 사라지고 마는 꽃의 세계에는 유달리 전해지는 이야기가 많다.

보석을 지나치게 좋아한 페르시아 여왕이 보석에 깔려 죽고 난 뒤 그 보석들이 사방에 흩어져 여러 가지 색깔의 꽃으로 피어났다는 채송화, 순결한 처녀를 찾아 내려온 천사가 늠름한 청년의 모습으로 변해 그가 틔운 씨앗에서 자란 나무 꽃이라는 치자 꽃이 있는가 하면, 홀로 살던 종지기가 간 쓸쓸한 죽음의 자리에 종처럼 생긴 꽃이 피어났다는 초롱꽃의 전설 등은 한결같이 슬프지만 그럴싸한 뜻을 지니고 있다.

오색 명주실로 풀려 들어온 햇살이 아스름한 졸음을 불러올 때면 양지바른 산허리에서 흔히 볼 수 있는 자귀나무 꽃은 그 고운 모습대로 마음을 녹여주는 꽃이다. 훈풍에 흔들릴 때마다 분홍 비단실을 가지런히 잘라 놓은 듯, 모양은 매혹적이지만 나무는 도끼나 낫의 자루 등 농기구를 만드는데 쓰인다는 외유내강한 이 꽃의 전설 또한 갈라진 부부의 연을 회복한 사랑이야기가 전해져 온다.

아무래도 꽃의 이야기 중 백미는 자목련의 전설이 아닐까. 하늘의 옥황상제가 아끼던 공주가 아비의 뜻을 저버리고는 무서운 북쪽 바다의 신神을 사랑하게 됐다. 그러나 바다 신에게는 부인이 있었다. 이루지 못할 사랑, 공주는 바다에 몸을 던지고 말았다. 이 사실을 뒤늦게 안 바다 신은 공주의 시체를 건져 땅에 묻고는 외로움을 덜어주려 부인에게도 잠자는 약을 먹여 나란히 묻어주었다.

후일 공주 무덤에선 흰 꽃이(백목련), 부인의 무덤에선 자주색 꽃이(자목련) 피어났다. 그런데 그리움이 많은 공주의 무덤에서 핀 흰 꽃은 봉오리가 모두 북쪽으로 향해 피어올랐다. 목련을 북향화라고도 부르는 이유라 하겠다.

실오리 같은 이내가 나른하게 피어나는 봄철이 오면 겨우내 움츠렸던 기운이 꽃의 환상으로 살아난다. 꽃의 전설을 따라가 본 봄날, 꽃에게도 길이 있다.

천千의 바람이 되어

강가에서 자주 소식을 전해주던 이가 있었다. 비가 온 후의 출렁이는 강물의 정경과 안개 자욱한 날 강가의 서정을 산책길에서 문자로 보내곤 했다. '그대의 강물로 내 안의 모든 오뇌를 씻어다오. 포토맥 강이여.' 라는 휘트먼의 시구를 보내오기도 했는데 그 강이 탐진강인 것은 나중에 알았다. 상상 속에서 아름답게 채색되던 강, 그 강물의 신비를 안고 장흥에 도착했다.

여름날은 뜨거웠다. 끈적이는 지열의 맹공세가 늦더위의 대지를 달구고 있었으나, 생각했던 물결의 흐름은 쉬이 얼굴을 내밀지 않았다. 마당 넓은 한옥의 담장 안에 잠시 거처했던 그는 이미 장홍을 떠나 있었다. 출세간의 수행자 삶이란 항시 구름 같은 것, 마음 안에서만 강줄기의 세찬 너울이 천千의 바람이 되어 일렁였다.

그리움도 때로는 삶의 원동력이 되어주었다. 만나서 눈으로 확인하는 것보다는 가끔씩 소식만 나누는 그림자 같은 외로움이 그 그리움의 근원이었다. 사실은 호젓하게 둘이서 만나 대화를 나눈 적이 한 번도 없기 때문이었다. 존재의 확인, 내 영혼의 저변에 네가 일렁이고 있노라는 그 인식 하나만으로 삶의 조각들을 나누던 터였다.

해거름 노을에 몇 마리 흰 새가 무리지어 날고 있었다. 둥지를 찾아가는 것일까.

산 능선 아래 띠를 이루는 실루엣이 한 폭의 고운 동화를 엮어낸다. 해는 저물고, 우리가 찾아갈 본향도 저 새들의 몸짓처럼 아득한 것일까. 도시에서는 좀체 볼 수 없는 새들의 운무가 지친 영혼에 잠시 해방을 가져다준다.

정남진 리조트에 여장을 풀었다. 문학단체의 세미나가 있는 날, 누워서 밤하늘의 별을 보는 원시를 그렸으나 배정된 캠핑카의 하늘은 습기에 잠식되고 말았다. 비라도 오려나. 그 흐린 하늘을 바라보는 내심에는 이 고장에 살았던 누군가를 기억하며 천의 바람처럼 헤고 있었는지도 모른다. 아니 그랬을 것이다.

별이 실종된 캄캄한 밤하늘을 보며 네가 누구며 여기엔 왜 왔는지를 자신에게 묻는다. 멀리서 캠프파이어의 왁자한 소음들이 이명처럼 들려왔다. 같은 정서를 간직하고 같은 길을 가는 사람들이 모인 곳에는 언제나 약간의 과장된 설렘이 있다. 더구나 객지의 밤이 아닌가.

'해산토굴'에는 들르지 않았다. 새로 지은 기와집에 〈달 긷는 집〉이란 현판을 다시 보려나 했는데, 직접 찾아와주신 한승원 작가의 문학 강연으로 그 발걸음을 대신했다. 오히려 그것이 내실 있는 일이었다. 도깨비와의 담판으로 제일가는 마음 부자가 된 작가는 오늘도 득량만의 바다를 바라보며 무한의 달빛을 건지고 있다. 그에게 달은 시요 소설이요 문학의 정수다. 그 결과물이 여다지해변에 수많은 시비로 전설처럼 늘어섰다.

회진의 바다에는 무슨 사연이 그리도 많은 것일까. 여다지해변에 설 때마다 미백未白이청준 선생을 함께 떠올린다. 같은 해에 태어났던 '미백'과 '해산' 두 분에게 끊임없는 영감을 불러일으켰던 정남진의 앞바다, 그 말없는 포구에 오래도록

서 본다. 해변에 피어난 해당화 몇 송이가 분홍빛 눈웃음을 보내온다.

오래된 숲에는 향기가 있다. 억불산 아래 편백 숲 우드랜드에 들어서자 신령한 기운이 와 안겼다. 숲은 스펀지처럼 지친 누구라도 받아들일 자세가 돼있다. 누군가에게 나는 이처럼 편안하고 푸근한 존재가 돼 준 적이 있었던가. 나무들이 숲을 떠나와 나무를 보듯이, 사람 또한 집을 떠나와 자신의 존재를 돌아보게 된다.

실상은 매번 떠났지만 제대로 여행을 즐겨본 적이 없었다. 여권과 지폐와 메모첩을 항시 지니고 걸었다. 쫓기듯 불안한 마음을 한시도 내려놓을 수 없었다. 그런데 이곳에서 비로소 마음을 놓는다. 햇살을 비켜 바람을 안고 나무를 어루만졌다. 발밑의 폭신한 촉감은 모성처럼 푸근했다. 푸릇한 숲 냄새와 상쾌한 새소리를 쉴 새 없이 들이켰다. 숲을 호흡한다는 것, 그것은 '마음을 놓는다.'와 같은 말이었다.

곧은 선비의 기상을 닮은 편백나무 군락을 버리고 떠나기 차마 아쉬워 느지렁느지렁 걸으며 자꾸만 뒤를 돌아다본다.

진목마을 이청준 생가로 가는 길, 학의 모양을 한 산 아래서 잠시 자동차가 멈춰 선다. 작품 〈눈길〉의 배경이 된 마을

인데 신비롭게도 산의 형태가 양 날개를 활짝 편 학의 형상을 하고 있다. 때마침 하얀 백로 몇 마리가 너울너울 날고 있는 모습이 이청준의 넋인 양 예사롭지가 않다.

좁은 마당에 와글와글 들어찬 작고 문인의 생가. 뙤약볕 아래 서로 몸이 부딪치는 형국이다. 순례객을 맞이하기에는 도저히 걸맞지 않아 당국에서 기념관이나 문학관 하나 정도 만들면 어떨까 하는 생각은 올 때마다 느끼는 점이다. 적어도 문학특구라면 생존 문인은 물론이요 작고 문인에 대한 예우도 걸맞게 해야 할 것이다. 그런 점이야 어찌됐든 상관없다는 듯, 당산나무 그늘에선 베잠방이를 걸친 마을 어르신들이 모여 앉아 부채를 설렁설렁 부치며 버스를 오르내리는 소란한 무리들을 물끄러미 바라보고 있었다.

장흥이 특별한 것은 전국 최초의 문학특구여서가 아니다. 차창으로 스치는 배롱나무 가로수가 인상적이었는데 읍내 길 양편에는 종려나무 가로수를 심어놓았다.

어린 야자수를 닮은 저 나무를 가로수로 심는다는 멋진 발상은 누가 한 것일까. 배롱나무는 부잣집 담장 안을 연상케 하고 종려나무는 성서의 나무, 거룩함의 상징으로 다가왔다. 가로수 하나도 고장 이미지를 창출하니 스치는 나무라고 함부로 심을 일이 아니다.

오래도록 흥하라는 장흥長興의 이름처럼 문화와 정신적인 풍요도 함께 누리는 고장이 되라는 마음 한 자락을 남겨놓았다. 멀리 부산으로 진입하는 고속도로의 불빛, 잠시 벗어놓았던 일상의 자리로 다시 돌아가는 길은 언제나 낯설고 비루하다.

흔적

오래 산 집에는 먼 아지랑이같이 지워지지 않는 향수가 있다. 잠시 머무른 집이나 놀러갔던 친구의 집과는 다른 애착이 함께 한다. 이십여 년을 살았던 하단의 주택이 그러하다. 처음으로 마련한 내 집이라는 자부심도 있었겠지만 두 아이를 길렀던 애틋한 기억이 함께하기 때문이다.

막다른 골목 안집의 철 대문 위에는 붉은 오미자가 늘어지고 마당에는 사철 푸른 나무가 하늘을 넘실대고 있었다. 사십대 푸르던 시절, 생업에 매달리며 스무 번의 김장을 한 집이었으니 '낯선 여인숙에서의 하룻밤'인 온 생애를 통한 가장 오랜 인연의 터전이었다.

현관 입구의 그 붉은 벽돌 한 장 한 장에는 아이들을 부르는 목소리와 따뜻한 젊은 날의 정감이 배였는가 하면, 남편의 늦은 귀가를 기다리는 안타까움 또한 켜켜이 묻어있을 것이다. 해질 무렵이면 신산의 역사와 함께 시간의 그림자가 해무더기처럼 기왓장 위로 쌓이곤 했다. 애환의 가족사가 함께 묻은, 그래서 집은 삶의 흔적이다.

자식이 부모의 얼굴이라 함은 물론 피를 나눈 DNA도 있겠지만 교육과 훈도를 통한 '성장못자리'가 함께하기 때문이다. 일생을 지배하는 성격이나 인품은 그 부모의 가르침에서 결정되기에 자식은 부모의 거울이다. 그래서 대대로 조상은 가고 없어도 부모의 흔적인 자녀를 통해 그 얼이 고스란히 이어지게 되는 것이다.

얼굴 또한 삶의 흔적이다. 직업과 나이, 성정을 통한 시간의 나이테는 노후의 얼굴 모습을 그대로 반영한다. 강원도 고랭지에서 일생 배추농사를 한 농부의 얼굴에선 산허리를 훑고 간 억센 바람소리가 들린다. 기장 앞바다에서 멸치잡이를 하며 탈망작업과 후리소리에 젖어있던 어부의 표정에는 거칠고도 힘찬 바다 냄새가 배어있다. 그 굵은 주름살에는 거센 파도가 가르쳐 준 격랑과 인내의 그림자가 새겨져 있다.

잡동사니 물건을 쉽게 버리지 못함도 거기 애틋한 손길이 묻은 삶의 흔적이 있기 때문이다. 해마다 장롱만 채우고 있는 옷가지, 여행에서 얻은 매끄러운 조약돌, 오래전에 선물받은 기념품 등은 세월의 먼지가 덧씌워져도 하로동선夏爐冬扇처럼 공간만 차지하고 있다. 이사할 때마다 그것들은 조금씩 정리되곤 했지만 그러나 전부가 없어진 건 아니었다.

스마트폰의 출현으로 무용지물이 된 수첩 또한 세월의 두께와 함께 수십 권이 차곡차곡 쌓였다. 지인들의 주소와 연락처가 빼곡히 적힌 소중했던 소지품을 없애지 못하는 것은 살아온 기록들을 함부로 내치지 못하기 때문일까. 해가 바뀔 때마다 새 수첩에다 주소록을 옮기는 작업이 만만치 않았지만 그 또한 옛날 일이 되어버렸다.

메모하는 습관이나 기록의 가치를 중요시하는 성격이 무엇이나 함부로 버리지 못하게 할 것이다. 초등학생 시절의 임명장이나 상장, 하물며 영어교과서까지 죄다 필사한 노트를 박스에 담아 보관했으나 객지에서 직장 생활하는 딸의 상자 내용물을 알지 못하는 어머니에 의해 이사할 때 모두 휴지로 버려져 안타까웠던 적도 있었다. 애착인지 집념인지 그 또한 지난날의 흔적을 지우지 못하는 습벽 때문이었다.

열여덟 살 때부터 꼬박꼬박 써오던 일기장 또한 그러하다. 그것의 시초는 딸이 그 나이가 되면 네 어머니의 당시 감성이 어땠는지를 보여주기 위함이었지만 많은 세월이 흐른 지금, 수십 권의 무더기가 된 비밀스런 생의 기록은 이제 어떻게 버리고 가야할지를 생각할 나이에 이르렀다.

얼마 전에 지병을 앓고 있는 언니가 자신이 오래 지니던 목걸이를 생일선물로 주었다. 어머니 가신 후로 내겐 부모 같은 언니였다. 부귀 장수를 상징한다는 부채 문양이 있는 매우 섬세한 도안이었다. 나는 받은 즉시 약간 낡은 금목걸이를 목에 걸며 생각했다. 생애 마지막 역에 다다르면 이 목걸이를 딸에게 물려줄 거라고. 의미를 붙이자면 한이 없는 게 인생이다. 언니나 나나 모두 옛사람이 되고난 후면 이 또한 유품이란 이름으로 남게 될 것이다. 유품은 분명 흔적의 다른 이름이다. 사랑하는 이의 살아온 역사와 땀이 스민 영혼이 거기 깃들어 있다.

그런가 하면 정신은 육신의 흔적이다. 정해진 시간 속에서 어떤 삶을 살아가느냐는 바로 그 정신세계를 지배한다. 교육의 복습과 오랜 독서로 인해 살찌운 지식의 두께는 내면의 뜰을 고요하게 가라앉힌다. 정신의 땅은 육이다. 겸손과 좋은 표양 또한 영혼의 정제된 가치에서 나오는 것이다.

청정한 도량 수행자의 옷자락에는 서걱거리는 댓닢 소리처럼 함부로 범접할 수 없는 기품이 서려 있다. 수도자들은 어떤 사람들인가. 가장 큰 유혹에 매혹당해 작고 사소한 유혹들을 버린 사람들이다. 그들이 맑게 가꾼 영혼의 울림이 내면의 뜰을 풍요롭게 하고 그 고요하고 깊은 정신은 종소리처럼 널리 퍼져나가 세상을 정화시킨다.

번잡한 세상으로부터 벗어나 내적고요와 침묵 속에서 보내는 몇 시간은 헛된 사물에 마음을 빼앗기지 않고 그윽한 영적 향취를 완상할 수 있는 기회이다. 가끔씩 수도원을 찾아 낡은 정신을 헹구고 오는 이유다. 육신의 흔적인 정신의 가치는 이처럼 인간의 삶을 지배한다.

바람은 제가 불고 싶은 대로 지나간다. 그물에 막힘이 없는 자유로 창공을 넘나들지만 그 빛깔도 형태도 없는 우주의 흔적이 사람의 삶을 앗아가기도 하고 마음속 갈피를 흔들어 놓기도 한다. 그래서 사람에게도 흔들리는 유혹의 성정을 바람기라 했던가.

한때, 그리운 사람을 생각하면 마음에 슬픈 귀가 열리곤 했다. 닿을 수 없는 포구에 닻을 내리고 나날이 안타까운 노를 저어가던 시절이었다. 다가갈 수도, 물러설 수도 없었던 열정의 파도는 애틋한 열병이 되기도 했으나 이제 황혼의 노을 진 언덕에 서서 먼바다를 바라보게 됐다. 생의 고즈넉한 가을을 맞이했다.

가을이면 바람은 낙엽의 이파리를 색칠한다. 갈색과 노랑 빨강으로 물든 낙엽은 나무들의 성장 의식이요 고별 흔적이다. 오늘도 바람이 분다. 집과 낙엽과 자식과 얼굴, 그리고 정신과 바람, 이 모든 것은 흔적의 다른 모습이다. 한 생애 살다 가는 것은 바로 사람의 흔적이 지나간 자리다.

보내지 못한 편지

목근통신木槿通信 김소운 님에게

추억 속으로 한 남자가 걸어옵니다. 모자를 삐딱하게 썼으니 약간 데카당스 한 느낌도 있지만 눈동자 깊숙이 바라보면 한없는 정을 담은 남자입니다. 검정 뿔테 안경 속의 멀리 보는 시선과 넙데데한 얼굴 윤곽은 당신을 기억할 때의 익숙한 프로필이 되고 있습니다.

삼오당三誤堂 김소운 님.

부산에 사는 수필가로서 당신의 이름을 모르는 사람은 없을 것입니다. 그러나 우리는 너무 오래 당신을 잊고 있었습니다. 부르기엔 너무 멀고, 손으로는 닿지 않는 곳에 계신 탓도 있겠지만 우리가 당신의 그 풍운아적 생애와 탁월한 문학적 업적에 비해 그만한 대접에 소홀한 탓도 있을 것입니다. 당신을 기억할 변변한 문학비나 문학관 하나 없는 이 항구의 척박한 문화적 토양이 이제야 당신께 미안함을 갖게도 합니다.

사실 당신을 기억하는 일은 문청 시절의 잡지나 신문을 통한 지면에서였으니 아주 오래된 일입니다. 그 시절 부산일보나 국제신문에서 '김소운'이란 이름을 대할 때는 항상 일본 이야기가 함께 했으니 생래적生來的인 떠돌이였던 그 질풍노도의 삶을 엿보게도 합니다.

당신은 누구입니까.

스스로를 절굿공이에 비유한 데서 어쩌면 나는 당신께 더한 연민을 가지게 되는지도 모릅니다. 나 또한 당신처럼 절굿공이에다 넝마주이 공부를 한 것과 같은 동질감을 갖고 있기 때문입니다.

어쩌면 열세 살 때 석탄 배를 타고 일본으로 밀항한 일은 당신께 피할 수 없는 선택이었는지도 모릅니다. 소년 시절부터 불운한 시절을 보내고 청년기에는 유랑의 삶을 살았으니 서울, 부산, 목포, 김해로 떠돌이 생활을 한 당신의 신산이야

필설로 다할 수가 없을 터입니다. 세 살 때 부친을 잃고, 재혼해 러시아로 떠난 어머니 박덕수와도 생이별을 했으니 평생을 모성에 대한 그리움과 외로움으로 살았을 것입니다.

'나의 어머니가 비록 문둥이일지라도 나는 크레오파트라와 바꾸지 않겠다.'고 한 말은 그래서 당연히 육친의 어머니를 그리는 말인 줄로만 알고 있었습니다. 그런데 아니었습니다. 문둥이는 바로 자신을 버린 조국이었습니다.

> 「향토는 내 종교였다.」 거기 쓴 이 한 마디 말은 목숨이 다 할 때까지 내 가슴에 지닐, 괴로우나 그러나 모면치 못할 십자가입니다. 문둥이의 조국! 그러나 내게 있어서는 어느 극락정토보다도 더 그리운 어머니의 품입니다.
>
> -「목근통신」 중에서

'문둥이의 조국, 향토는 내 종교' 라는 신념에서 당신이 얼마나 이 땅 내 조국을 가슴에 품고 살았는지를 알 수가 있습니다. 주검의 예수를 성모가 안고 있는 그림과는 반대로 평생 자기를 버린 어머니와 조국을 그리며 산 당신은 그래서 역피에타적인 삶을 살았던 것입니다.

넥타이와 지팡이를 자주 샀던 당신.

어릴 적부터의 유랑과 생애를 통한 독거에서 오는 고독이야 어떤 물건으로 위무받을 수 있었을까만 그러나 사물에 대한 애착은 일종의 카타르시스였는지도 모릅니다. 그래서 저는 지금 멋진 넥타이를 매고 담배를 지그시 물고 지팡이를 짚은 채 산책하는 당신의 어느 시간을 상상하곤 합니다.

우리가 김소운의 수필을 사랑하는 까닭은 거기 인간과 조국에 대한 사랑이 있기 때문입니다. 「가난한 날의 행복」은 지극한 가난 속에서도 행복을 느끼는 부부의 사랑이 있기에 더 잊지 못하는 작품이 되고 있습니다.

실직 상태인 남편은 출근하는 아내를 위해 밥상을 차렸지만 반찬은 달랑 간장종지 하나, 아내는 신문지가 덮인 밥상을 열자 상 위에 놓인 쪽지를 봅니다.

'왕후의 밥, 걸인의 찬….' 순간 눈물이 핑 돈 아내는 왕후가 된 것보다 행복했지요. 만금을 주고도 살 수 없는 행복감에 가슴이 부푼 아내.

당신께선 가난 속의 행복이란 주어진 생활 여건을 떠나 상대를 위한 배려임을 가르쳐 주었습니다. 한 편의 글로 세상을 따스하게 데울 수 있음을 보여준 수필의 전범이었던 것이지요.

또한 청마와의 우정을 보여주는 대표적인 일화로 「외투」를 기억합니다. 눈이 펑펑 내리는 날, 영하 40도의 북만주로 가는 청마가 외투 한 벌 없는 양복 차림인 것을 보고 역두에 전송 나온 당신은 마음이 아팠습니다. 그러나 당신도 외투란 것을 입지 않기는 매한가지. 기차 떠날 시간이 가까워지자 마음이 조급해진 당신은 주머니의 만년필 하나가 만져졌겠지요. 스승에게서 물려받은 불란서제 초고급 '콩쿠링' 만년필.

> 만년필 가졌나? 불쑥 묻는 말이 무슨 뜻인지도 모르고 청마는 제 주머니에서 흰 촉이 달린 조작 만년필을 끄집어내어 나를 준다. 그것을 받아서 내 주머니에 꽂고 '콩쿠링'을 청마 손에 쥐어 주었다. 만년필은 외투도 방한구도 아니건만 그때 내 심정으로는 내가 입은 외투 한 벌을 청마에게 입혀 보낸다는 기분이었다.

삼십여 년 전 중앙일보에는 자그마한 부고 하나가 실렸습니다. '시인, 수필가 김소운씨 별세' 이 짧은 단신이 생애의 마감을 알렸지요. 수필가요 명번역가였던 당신은 주옥같은 수필로 한국 수필을 정립하고는 향년 74세에 큰 별의 자취를 거두고 맙니다.

능력 있는 것은 때로 저주가 되기도 하는가요. 오늘 우리는 고통조차도 꿈꿀 수 있는 시간으로 바꾼 당신의 그 치열한 문학정신을 본받고자 합니다. 그것이 생전에 일면식도 없었던 당신께 이 편지를 쓰게 하는 이유입니다.

사는 일이 한여름 밤의 꿈.

보내지 못할 편지를 쓰면서 내 문학에 바치는 헌사를 대신해 봅니다. 세상에서 흔들리고 밀리며 누구보다 풍운아적 삶을 사셨던 당신. 이제는 더 깊숙이 평화롭고 깨금이 떨어지고, 아그배가 떨어지는 그런 곳에 살고 계신지요. 사방에 초록물이 뚝뚝 떨어지는 신록의 계절에 나는 오늘도 문학이란 동질성 안에서 당신께 그리움의 편지를 보냅니다.

「가을걷이」 마친 청아淸娥 정순남 형

사월 벚꽃이 화르르 떨어지던 날, 그날 아침 이른 시각에 전화벨이 울렸지요. 전화기에 뜬 '정순남' 이름을 본 내 목소리는 약간 톤이 올라갔습니다. '형님? 이렇게 일찍 웬일이세요?' 그러나 저쪽에선 가라앉은 남자의 음성이 들렸고 그것은 아드님이 전하는 부고였습니다. '어머님께서 간밤에 심장마비로…'

이럴 수가 있습니까? 향년 82세, 한 통의 전화로 이승과 저승을 구분하다니. 갑작스런 부음에 다리가 후들거렸지만 그러나 냉정을 찾아야 했습니다. 한 마디 음성도 남기지 않고 자는 잠에 떠난 형이 야속하기도 했지만 돌이켜 생각하면 고종명考終命의 복이 아니었을까 하고 뒤늦게야 위안을 갖기도 합니다.

맑은 감성에다 걸음걸이마저 조용했던 형은 마지막 걸음도 그렇게 조용하게 떠나야 했던가요? 단 한 번의 문병이라도 있었다면 이렇게 마음 허전하지는 않았을 텐데요. 불과 이십여 일 전 부산문협 봄 문학기행에서 남해 금산 그 가파른 오르막길을 밀고 당기며 함께 올랐던 것이 마지막 걸음이 되고 말았습니다.

통영의 한의원집 딸로 태어난 형은 섬약했지만 내면은 대쪽같이 곧은 분이었습니다. 자신에게 어떤 불이익이 돌아올지라도 불의를 보면 참지 못하는 결곡한 성품은 항상 정의 편에 서 있었지요.

옳고 그름의 판단이 분명했던 사람, 그 준열한 비판의식은 사회나 문단의 병폐에 대해서도 눈치 보며 말을 아끼는 기질이 아니었습니다. 오히려 침묵하는 다수의 비겁을 질타하는 길잡이 역할도 마다하지 않았었지요.

깊은 신앙으로 무장된 올곧은 신념은 언제나 그 시선이 가난한 이, 고통받는 이, 환우들에게 가 있는 참된 삶을 사셨습니다. 언젠가 남편의 수술 후 내 집을 방문했을 때는 함께 마음 아파하며 울먹이던 기도의 음성을 지금도 기억하고 있습니다. 그 간절한 신앙은 오랜 세월 성령기도모임을 이끈 신실한 믿음생활의 원동력이기도 했지요.

정순남 형.

형은 가고 없어도 나는 형의 집 안방 머리맡에 있던 자그만 소반 하나를 기억하고 있습니다. 필기구와 함께 언제나 놓여 있던 그 찻상이 정순남 시인의 반듯하고 아픈 시의 산실이었지요. 시상이 떠오를 때마다 생각의 마디를 정리하고 메모하던 습관이 「가을산은 만산이다」「영혼에 흐르는 하얀 빛」「내심에 흐르는 미세함」「가을걷이」, 그리고 마지막 시집이 된 「전공」까지 모두 다섯 권의 시집을 상재한 힘이었습니다.

수백 번 고쳐 쓰고 뼈골이 드러나다

찢어 쌓이는 종이더미
면모를 갖추었나 보면 아니더라
머리로 할 수 없는 가슴앓이
날 샌 밤 맥 풀린 손
천근의 눈꺼풀 내리는
고뇌와 투쟁

-「시를 쓰기 위해」 중에서

언어의 어귀에서 밤새워 불 밝히며 수많은 파지와 씨름하는 시인의 고뇌. 한 편의 시를 완성하기 위해 셀 수 없는 인내와 불면의 밤을 지새워야 했습니다.

시인은 곡비哭婢라고 했던가요? 시대의 아픔을 대신 울어주는 사람. 세상의 진실을, 부조리를, 정의를 위해 언어로써 울어주는 시인이 있기에 그나마 이 사회는 무너지지 않고 정화되고 있는지도 모르겠지요.

기억나나요? 순남형.

언젠가 만추의 계절, 성지곡수원지를 둘이서 호젓하게 걷고 있었습니다. 초록빛 푸른 물은 깊었고 수면에 늘어진 버들은 한층 운치를 더하고 있었지요. 그날 형은 처음으로 제게 가슴에 묻은 딸의 이야기를 들려주었습니다. 울음도 없이 담담하게 토로하는 그 참척의 슬픔에 눈물을 글썽인 것은 오히려 저였습니다.

딸년이 먼저 와 누운 자리
네 보고파 가끔 찾는 날
햇살도 부시어 축복 내리시니
바람조차 환희로움이네
기찰 산마루 까마귀 곡소리 처량한데
저 산 넘어 또 한 세상 있어
하늘이 손짓하는 곳

-「이 산에 뼈를 묻었으니」 중에서

딸을 여읜 슬픔에 사로잡힌 나날이 얼마이겠습니까만 오히려 당신은 며느리 사랑으로 승화시켰습니다. 고부간이 차라리 모녀지간 같았고 한 번도 험담을 하기보다는 안 보이는 곳에서는 칭찬을 일삼았으니 그 또한 미덕이었습니다.

고백하거니와 순남 형.

그날 저는 형의 장례식에 참석하지 못했습니다. 첫 손녀의 출생이 며칠 안된 때라 상갓집 출입을 극구 말리는 어르신들 뜻에 순명하기 위함이었지요. 용서해주세요.

괴로운 심경에 며칠 지난 후 성당에서 정순남 막달라마리아를 위한 연미사를 드렸습니다. 아드님 말씀처럼 오히려 형은 영혼을 위한 한 대의 미사를 더 흡족해하실지도 모른다고 생각하면서요. 그날 미사 후 빈 성전에서 흐르던 소리 없는 눈물. 언어로서는 다할 수 없는 슬픔을 비로소 눈물로써 종교적인 이별 의식을 치른 것입니다.

이제야 저는 사랑했던 형을 보냅니다.

눈물은 제 심령을 슬픔으로부터 정화시켜 주었고 그렇게 맑은 순수의 일념으로 작별의 손을 흔듭니다.

오래도록 하늘나라 곳간의 열쇠였던 정순남형이여.

아버지의 나라에서 영면하소서.

할미꽃으로 오신 어머니

영혼을 믿으시나요? 어머니.

저는 영혼을 믿습니다. 어머님 가신 후 못 견디는 그리움에 어느 날 기도 중에 하염없는 눈물을 흘렸습니다. 과오는 흐느낌 되고, 불효는 통곡이 되어 그날 저는 하느님께 매달렸습니다. 영혼이 있다면 오늘 밤 꿈에서라도 어머님을 뵙게 해달라고요.

어머니는 그날 꿈길에서 정말 저를 찾아오셨습니다. 평소처럼 고운 한복, 어머니는 부엌에서 주걱으로 밥을 푸고 계셨습니다. 이 자식 밥 굶을까 봐 꿈속에서조차 영혼의 밥을 먹여주신 어머니. 그러나 한 마디 말도 없이 빙그레 웃기만 하셨지요. 어머니와 나 사이에는 보이지 않는 신이 존재합니다.

그립습니다. 어머니.

가신 지 벌써 스무 해가 되었으니 정말 시간은 기어가고 세월은 날아가나 봅니다. 충청도 산골 장남의 집, 어머님 계시던 방의 창 너머로는 야트막한 언덕배기 잔디가 푸르게 펼쳐져 있었지요. 모녀가 함께 산책할 때면 어머님의 시선이 늘 머물던 그곳에 더러 앉아 쉬기도 했습니다.

그런데 어머니.

가시고 이삼 년 되던 해 봄이었던가요? 저는 어머님 앉아 계시던 그 자리에 보라색 할미꽃이 무리지어 소담스레 핀 것을 보았습니다. 그날 저는 그 할미꽃을 소중하게 손에 받쳐 들고 왔습니다. 말린 꽃이 된 어머니의 영은 지금도 제 기도서 책갈피에서 저를 만나고 있습니다.

바람 부는 세상에서 오십이 년간 제 어머니로 계셔 주신 당신.

고마웠습니다. 보내지 못할 편지를 쓰면서 이제야 어머님이 내 어머니여서 고맙다고 말씀드립니다. 저울의 한쪽 편에 세계를 실어놓고, 다른 한쪽 편에 어머니를 실어놓는다면 세계의 편이 훨씬 더 가벼울 것입니다. 이러한 진리조차도 가신 후에야 깨닫게 되니 인간은 얼마나 우매한 존재인지요.

'딸아, 큰사람 되려하지 말고, 사람 냄새나는 사람 되거라.'고 가르치신 어머니. 제 삶의 못자리에서 일 순위를 차지하는 그 참교육을 저는 얼마나 실천하고 살았는지 되새길 때마다 부끄러운 마음뿐입니다.

저는 지금 한 장의 사진을 바라보고 있습니다. 꽃무늬가 있는 저고리에 자색 한복치마는 바람결에 흩날리고, 헌칠하게 큰 키의 어머니는 양 손을 모은 채 약간 미소 짓고 서 계십니다. 어느 봄날 통도사 대웅전 앞에서 찍은 제가 제일 좋아하는 사진입니다. 제가 경남도청 재직 시 공보실 사진기사가 찍었으니 살짝 보이는 버선발로 방금이라도 걸어오실 듯한 생동감 있는 모습입니다.

여자 힘으로 혼자 칠남매를 키우신 장한 어머니.

그 일이 얼마나 힘든 노역이었는지를 생의 노을 녘에서야 깨닫습니다. 한밤중, 도둑이 들었을 때도 서슬 시퍼렇게 나무라 내쫓으시던 그 강단과 결기를 저는 닮지 못했습니다만 그러나 성실 하나는 유산으로 받지 않았을까요.

매일 아침 동살 무렵 뒷산에 오릅니다. 수십 년 습관 되어 몸에 익은 근면은 어머님이 살 되고 피 되게 가르치신 훈도의 결과물입니다. 자식은 잠시 내 품에 머물다 가는 손님. 어머니에게 제가 그랬고, 제게 제 아이들이 그러하기에 사사로운 애착보다는 올바른 정신유산을 전하는 일을 우선으로 여겨야 하겠지요.

어머니.

이제 나이 들어가는 것이 아쉽거나 서글프지 않습니다. 살면서 체험하고 배운 것이 숙성되고 발효되어서인가요. 오히려 정신적인 자유를 구가합니다. 그리하여 삶은 '살아가는 것'이 아니라 '살아내는 것' 임을 나날이 깨닫기도 합니다.

어머님 계신 곳이 어디인가요?

지금 제가 서 있는 자리가 어머님 계신 곳입니다. 어머님은 나이고, 나는 어머님이기 때문입니다. 어머님 가셨듯이 저 또

한 가기 때문입니다. 올봄에는 어머님의 손녀인 제 여식이 딸 아이를 낳았어요. 이렇게 혈육은 대를 이어가고 계절은 또 올 것입니다. 숲 가까이 사는 저희 집 산자락에 마타리가 피고 싸리 꽃이 피어나면 마른 바람이 스쳐 지나갑니다.

바람 속에 그리움으로 달려오시는 내 어머니.

오늘도 나는 당신께 봉인하지 못한 사모곡을 편지로 적습니다. 다시 만날 때까지 안녕히 계십시오.

(≪문학도시≫ 2016. 8월호)

서사

그래도 삶은 흐른다

모든 있는 것은 다 없어진다. 없어질 것이기 때문에 슬프기도 하고 아름답기도 하다. 시간의 유한성은 누구의 삶에서나 다 공평하지만 어떠한 순간에도 시간의 강물은 쉬지 않고 흐른다. 그러므로 삶은 어떤 그릇에도 담을 수 없는 무한한 강물이다.

똑같은 시간이라도 한밤을 지새우는 고뇌의 초침은 길게 느껴지지만 희희낙락 즐거움에 젖은 시간은 바람처럼 빨리 지나간다. 감옥의 수인에게나, 궁궐의 왕비에게도 희로애락의 시간은 그저 무심한 듯 변함없이 흐를 뿐이다.

중국의 오악五岳 중에 최고라는 화산華山에 오른 적이 있다.

깎아지른 절벽의 바위산을 케이블카로 오르고 또 가파른 돌계단을 걸어 올라 정상에 올라야 했다. 화산의 짐꾼은 어깨에 나무막대기를 지고 양쪽에 무거운 짐을 매어달아 나르고 있었다. 천길 벼랑 끝에 잔도를 만드는 공사에 시멘트를 운반하는 일이다.

양 어깨에 짐을 지고 나날이 돌산을 오르면 어깨는 짓물러 껍질이 벗겨지고 고름이 난다. 짐을 지고 고산을 오르다 비나 눈이 오면 골짜기에서 잠을 자야 한다. 악산의 벼랑에서 잠든 그는 하늘의 별을 바라보며 무슨 생각에 잠겨 있었을까. 그래도 날이 새면 또 짐을 져 날라야 한다. 아버지라는 이름 때문이다. 가족을 부양하는 아버지의 이름은 그래서 더욱 숭고하다. 화산을 오르면서 나는 짐꾼들의 표정을 유심히 살펴보았다. 그 얼굴에 체념, 포기, 의무 같은 그림자가 스쳐 지났다. 이 엄연한 삶의 질서 앞에서 누가 밥벌이의 지겨움을 말할 수 있을 것인가.

짐꾼은 또 다시 화산에 오른다. 막대 양쪽에 무거운 시멘트를 매달아 한 발 한 발 힘겹게 계단을 오른다. 행여 발을 헛디디기라도 하면 천애 낭떠러지다. 팔백 리 고봉 화산을 오르면서도 힘들 때 그는 노래를 부른다. 노래하는 동안에는 고단함을 잊을 수 있기 때문에. 그래도 삶은 흐른다. 날이 새는 한은.

신화 속의 시지프스는 꾀가 많은 것으로 명성을 떨쳤다. 욕심이 많고 속이기를 좋아하는 신이었다. 여행객과 방랑자를 살해하기도 했다. 죽음의 신 타나토스가 그를 데리러 오자 오히려 타나토스를 잡아 족쇄를 채워 한동안 아무도 죽지 않았다.

결국 전쟁의 신 아레스가 와서 타나토스를 구출하고 시지프스를 데려갔다. 그는 저승에서 벌로 큰 돌을 가파른 언덕 위로 굴려야 했다. 집채만 한 바위를 올려놓으면 또 굴러 떨어지고-. 끊임없이 바위를 들어 올려야 했던 시지프스의 형벌은 우리 인간의 굴레이기도 하다.

나날이 힘든 바위를 끌어올리는 노역은 혹독한 삶의 무게이기 때문이다. 어떠한 순간에도 삶의 강물은 앞으로만 쉬지 않고 흘러간다. 금수저든 흙수저든 일단 묻고 태어났으면 그 때부터 허덕이며 일생 거부할 수 없는 시간의 흐름 안에서 우리는 바위를 굴리는 시지프스가 된다.

젊은 시절 한때 빚의 굴레에서 옥죄어 본 적이 있다. 아침에 눈만 뜨면 가슴에 큰 바위가 얹혀 있는 듯 아득해서 차라리 날이 새지 않기를 바랐다. 하루가 가면 또 이자가 불어나기 때문이었다. 지하철을 기다리다 문득 뛰어들고 싶었던 때가 그 시절이었다. 진정 새날이 오는 것을 저주했던 시절, 그러나 어떻게 그 세월을 이겼는지 다행히 죽지 않고 여기까지 왔다. 험준한 고난의 산세를 헤쳐 비로소 꼭대기에 다달아 내려다보니 아픈 시절은 나만이 아니라 누구에게나 다 견디는 일이란 것을 알게 됐다.

신의 망치가 급물살을 탈 때는 그것이 전부인 양 아득했는데 지나고 보면 또 다른 문이 열리곤 했다. '한쪽 문 닫히니 다른 쪽 문 열린다.' 라는 금언을 마음에 귀하게 담고 살던 팍팍한 시절이었다.

화산의 짐꾼도, 나도 명부에서 부를 때까지는 험난한 시간의 물살을 헤집어 나가야 한다. 더러는 급물살이 있는가 하면 완만한 골짜기와 웅달샘에 머물러 잠시 안온함을 누리기도 한다. 그러나 급류가 아홉이라면, 걱정 없이 쉬어가는 옹달샘은 한둘이다. '손톱은 슬플 때 자라고, 발톱은 기쁠 때 자란다.'는 말은 그래서 생겼는지도 모른다.

잠시 눈을 들어 오월 창가에 흔들리는 신록의 푸르름을 바라본다. 저렇게 살가운 미풍에 몸을 맡긴 잎새들 또한 광풍이나 폭우 앞에선 떨기도 하고, 한겨울 매서운 추위를 건너왔기에 한 시절 한유閒游를 누릴 수가 있는 것이다.

모든 것은 흘러 하나가 된다. 우리 삶이 결국 흘러서 귀착지로 향하는 것인데 다툼이, 성냄이 다 무엇인지 때로는 생의 애별리고에 휩싸여 허접한 고뇌의 늪에 빠지기도 한다. 종착역에 닿을 때까지 우리는 이 한계를 피해갈 수가 없다.

그러나 '죽음은 우리와 아무런 관련이 없다. 우리가 존재하고 있는 한 죽음은 존재하지 않고 일단 죽음이 들이닥치면 우리는 더 이상 존재하지 않기 때문이다.' 라고 말한 철학자 에피쿠로스는 일찍이 죽음을 명징하게 바라본 것이 아닐까. 살아있는 한 삶의 시간에 충실하면 그만이라는 생을 바라보는 냉정한 시선을 읽을 수가 있다.

며칠 전 아침에 받은 한 통의 전화가 절친의 부음을 알려왔다. 어제까지도 멀쩡했는데, 너무나 갑작스러운 한 시인의 죽음이 믿어지지가 않았다. 자던 잠에 심장마비로 홀연히 떠났으니 당사자로서는 고종명考終命의 오복을 누렸는지 모르지만 남은 자의 슬픔은 말로 다할 수가 없었다.

창조함을 받은 모든 피조물은 끝이 있다. 피기만 하고 지지 않는다면 생태계고 자연계고 제반 질서는 무너지고 말 것이다. 이 세상에서 저 세상 지나가는 것이 우리 삶이라지만 너무 갑작스런 비보는 가슴을 무너지게 했다. 어느 시인의 말처럼 '어차피 우리는 이 세상에 세 들어 살고 있으므로 고통은 말하자면 월세 같은 것'일까.

번호표 한 장 손에 쥐고 언제 불러줄지를 몰라 그저 기다리는 게 인간의 운명이라면, 떨어질 계절을 분명히 알고 있는 낙엽의 신세는 오히려 사람보다 낫다고 하겠다. 인간에겐 황폐와 몰락의 나날이 순차적으로 오간다 해도 자연의 순리는 역동적으로 진행될 뿐이다. 어떠한 역경이 서성인다 해도 그래도 삶은 흐른다.

일흔 즈음에

눈이 싸목싸목 내리는 겨울밤이었다. 창밖을 내다보던 어머니가 문득 말했다. "내가 언제 칠십이~, 징그럽다" 뜬금없이 내뱉던 그 말이 당시 사십대였던 나는 생뚱맞기만 했다. 마치 내게는 그런 날이 오지 않을 것처럼. 거짓말이나 눈비음도 없이 순연했던 어머니도 불유구不踰矩의 나이는 낯설었던 모양이었다. 명부에서는 이제 더는 징그러운 일도 없을 테지만. 비로소 그 지점에 이른 나는 요즘 어머니의 그 말을 자주 생각하게 되었다.

아침에 다짐했던 모임 날짜를 막상 저녁에는 잊고 마는 실수는 다반사지만 그런 일로 해서 민망하고 난감한 입장이 점

점 늘어나고 있다. 단체에서 연장자들의 그런 불성실이 변명으로만 들렸던 젊은 날엔 약속이란 한결같이 정확해야 한다고만 믿을 뿐이었다. 오래된 추억도 기억에 가물거려 하리망당해질 때가 있으니 그 무엇도 당사자 입장에 처해 보지 않고는 알 수 없는 것이 세상일이다.

예순 고개에서 느끼는 일흔 나이의 감성에는 사라져가는 모든 것들의 쓸쓸함이 묻어있다. 이순이 넘고서야 비로소 남은 날이 점점 줄어들고 있다는 것을 실감했을 때 피어난 한 송이 꽃도 예사롭지 않았다. 붉게 핀 장미를 보며 '저 꽃을 이제 몇 번이나 볼 수 있을까?' 하시던 백발 스승의 심경이 내게로 다가왔다. 칠십이란 나이는 따뜻한 물에 몸을 담그는 편안함만은 아니다.

'즈음'이란 우리말의 어감에는 은근함이 묻어있다. 사전적인 의미로는 일이 어찌 될 어름이라고 하지만 어감의 행간에는 경박하지 않은 노회함과 서두르지 않는 시공간의 여유마저 느낄 수가 있다. 나이 듦은 자연으로 돌아가는 일이요, 그리움 너머에 있는 죽음 또한 외로움이 걸러낸 소산일 것이다.

내 안의 변화를 본 것도 이즈음이었다. 매일 적는 일기에도 그냥 일자만 쓰던 이전의 습관과는 달리 날자 앞에 꼭꼭 연도를 쓰고 있는 자신을 발견한 것이다. 한 해 한 해 햇수 가는 게 의식됨은 남은 해에 대한 아쉬움의 개념일까. 어쨌든 오늘 아침 일기에도 2017년 모월 모일을 또박또박 적고 있었다.

재벌 회장인 정주영이 모 대학에서 강의할 때 '내 재산 전부를 주고 여러분의 이십대 청춘을 살 수 있다면 사겠다.'고 하던 말을 당시 이십대였던 나는 이해할 수가 없었다. 젊음은 당연한 것이고 가만히 있어도 찾아온 것이기에 그 중요성을 인식하지 못했던 것이다. 바람처럼 지나가는 것, 지나가면 다시 오지 않는 것, 비로소 인생의 가치를 알게 된 것은 청춘의 나이를 훨씬 비켜나서였다.

어느 날 아침잠에서 깨어나 머리를 빗으며 무심코 거울을 봤다. 거기 낯선 여인이 있었다. 움푹 파인 눈 밑 주름과 다크서클, 귀밑머리엔 할머니들의 전유물인 줄 알았던 검버섯마저 자리 잡고 있는 민낯의 노파가 웃고 있지 않은가. 실상과 허상. 그 순간, 제 얼굴은 보이지 않으니 마음만 믿고 친구들과 카페에서 깔깔대던 어제 일이 생각났다. 이제는 거두어야 할 때, 누렇게 익은 벼이삭처럼 자연의 섭리에 순응하며 겸허히 고개 숙여야 할 일이다.

'영혼아파트' 한 채를 마련한 것도 일흔 즈음이었다. 남편도 일흔 고개 넘은 지가 몇 년이니 지인의 장례식을 계기로 부부는 덤덤하게 하늘공원 봉안당을 찾았다. 생각하면 자신들의 사후를 예비한다는 일이 젊을 때는 아주 먼 나라 얘기였다. 그 먼 나라가 가까운 나라로 여겨짐도 나이가 일러주는 감각이었다. 그것도 아주 담담하게.

요즘은 '생전 장례식'이란 말도 있다. 고인이 이미 가고 나서 '삼가 명복을 ~~' 하며 찾는 것보다는 그가 살아있을 때 친했던 지인들과 친인척 모두를 초대해서 담소를 나누며 한 끼 의미 있는 식사를 나누는 것이 가치 있는 일로 여겨졌기 때문이다. 초대한 본인으로서는 한 분 한 분과 짙은 교감이 담긴 악수를 나누며 마음으로 작별하는 것이 어찌 보면 인간의 품격이 담긴 장례 모습이 아닐까.

며칠 전에는 소풍 삼아 부부 함께 그 영혼의 집을 다녀왔다. 창 너머로 좌우에 푸른 수목이 우거지고 욕서였으나 통풍이 잘돼 사후에 머물 장소로는 아늑하고 흡족하게 여겨졌다. 해서 남편에게 물었다. '당신은 어때요?' 하고. 돌아온 답은 '참 허무하다.'였다. 영원히 살 거는 하나도 없는데~. 산다는 건 구름 한 점 일어남이요 떠난다는 건 그 구름이 사라짐일 뿐이다. 맑은 날 우산을 준비하듯 건강할 때 미리 앞날을 예비한 것이 남편에게 허무를 안겨준 것일까. 돌아 나오는 길에 나는 남편의 손을 꼭 잡았다.

사람 일은 참 알 수 없는 것이다. 오랜 세월 모임을 함께 했던 지인이 일과 후 집으로 향하던 버스 안에서 갑자기 쓰러졌다. 연락 받은 남편이 달려왔을 때 '여보, 나 병원으로….' 한 것이 부부간의 마지막 대화였다. 무심히 스친 수많은 일상들이 사무치게 그리워질 때는 그 일상의 틀이 무너졌을 때이다. 우매한 것이 인간이요, 그래서 인생을 허망하다 했던가.

그러나 요즘은 나이 듦이 아쉽거나 서글프지만은 않다. 다른 어떤 때보다 여유가 있고 자유롭다고나 할까. 지금껏 익히고 체험한 모든 것이 숙성되고 발효되는 시간처럼 여겨진다. 가끔 나이에 맞지 않는 행동을 할까 봐 걱정이지만. 하지만 그 누구도 나의 나이 들어감에 대해선 일별의 관심도 없는 일이다.

칠월 창가에 잎이 참 푸르다. 일흔 즈음은 저 푸르름을 잠시 비켜난 갈색 이파리의 시대, 주어진 나날을 열심히 살라는 그윽함의 시간들이다. 노각처럼 늙어 껍질만 단단해짐이 아니라 햇무 같은 속살의 부드러움을 향내로 간직할 수 있어야 할 것이다. 마음에 그늘을 오래 담아두지 말고 하루하루를 음미하며 초콜릿을 먹듯 조금씩 조금씩 아껴가며 나날의 시간들을 풀어쓸 일이다.

하늘공원 부부 봉안당 b1 - 아 135호.

오랜 세월 마주보고 섰던 두 그루 은행나무가 함께 누울 '영혼아파트'이다.

숲 가까이 사는 일

오월 밤이었다. 뒤 베란다에 나간 아들의 성마른 음성이 들렸다. '이게 무슨 냄새지요?' 라고 말했을 때도 그것이 꽃향기인 줄은 몰랐다. 창을 열자 그윽한 아카시아향이 코를 자극했다. 진하지 않고 은은한 꽃향내에 젖어 어두운 숲을 한참 바라보고 있었다. 비가 온 후였다.

집 뒤편 산그늘 옹벽에는 몇 년 전만 해도 노란 유채꽃이 흐드러지게 피어나곤 했다. 창을 열면 그 만발한 꽃들이 지친 시름을 씻어주기도 했는데 어느 해부터인가는 쓸쓸한 싸리꽃들이 피어나기 시작했다. 산바람에 날려 온 싸리나무 씨앗들이 듬성듬성 자리를 잡는가 했더니 어느새 군락을 이루었다. 그즈음 날마다 같은 장소에서 까투리가 꿩꿩 하고 울어대곤 했다. 짙은 보라색의 꽃무리들이 바람에 흔들릴 때마다 마음속에 잡목의 우수가 전해져 왔다.

햇살이 지나간 저녁 나절이면 일렁이는 잡목들의 행렬은 말 못하는 시가 되어 어두운 그림을 그렸다. 미풍에도 힘없이 일렁이는 싸리 꽃들을 볼 때마다 김원일의 소설 '사랑아 길을 묻는다.'를 떠올리곤 했다. 사련邪戀의 끝은 비극이었지만 주인공 서한중은 싸리댁을 사랑해 첩첩산중으로 도주해가던 그날도 싸리 꽃 행렬이 바람결에 외롭게 흩날리고 있었기 때문이었다.

군락을 이루던 싸리나무들은 어느 땐가 또 서서히 사라져 갔다. 아카시아나무들이 점령하기 시작하자 그 기세에 물러난 듯했다. 산 밑으로 이사 온 지 십 년이 지난 지금, 뒷산에는 어느새 오월이면 아카시아 흰 꽃이 만발하게 됐다. 며칠간의 여행에서 돌아왔을 때 뒷마당 놀이터에는 하얀 꽃잎이 눈꽃처럼 뿌려져 있었다. 톱밥처럼 온 마당을 뒤덮은 그 실체는 바람에 흩날린 아카시아 낙화였다.

변하는 건 사람만이 아니라 자연도 시시각각으로 변화하고 있었다. 숲 그늘 식물의 생태계는 약육강식의 도장이었으니 유채꽃, 싸리나무, 아카시아 군락으로 점차 채색되는 과정을 보며 그렇게 강산이 변하는 사이, 이사 올 때 중년이던 여인의 머리에는 하얗게 흰 눈이 내렸다.

겨우내 삭막하던 느티나무 가지에는 작은 박새가 자주 놀러오곤 했다. 새벽 운동의 벗은 언제나 같은 자리에 앉는 이 박새였다. 그 새들은 내게 '말하지 마라, 떠들지 마라' 라고 나날이 말해주었다. 어떤 날 새가 보이지 않는 날은 '새를 기다리며'란 시를 적어보며 내심의 허전함을 달래기도 했다. 기다리지만 오지 않는 새, 역시 새는 나무를 골라 앉을 수 있지만, 나무는 새를 골라 앉힐 수가 없는 것이다. 신록이 푸르른 지금은 느티나무 무성한 이파리가 짙게 그늘을 드리워 새들의 움직임도 잘 보이지 않게 됐다.

체조하는 자리 정면으로는 자목련 한 그루가 서 있다. 잣나무들 사이라 언뜻 보면 눈에 잘 띄지 않는데 올해는 자색의 고혹적인 꽃무리들이 유독 시선을 끌었다. 대부분의 꽃은 십대 청춘이지만 목련은 사십대의 여인이라던가. 몸은 열심히 체조를 하면서도 머리로는 언제나 서럽도록 아름다운 이야기를 가진 '자목련의 전설'을 생각하곤 했다.

산딸나무가 자리한 곳은 아파트 고층에서 내려다보이는 작은 창틀 아래다. 외출 시에는 엘리베이터를 기다릴 때마다 그 작은 창을 통해 산딸나무 흰 꽃을 내려다보게 된다. 오뉴월 산그늘에 주로 피는 이 꽃은 네 개의 꽃술을 달아 흡사 치자꽃을 닮았다. 특색이라면 나무 아래서는 꽃이 보이지 않고 위쪽에서 내려다봐야 흰 담요를 덮어놓은 듯 함초롬히 자태를 자랑한다는 점이다. 창공을 바라보는 흰 꽃이 필 때마다 새벽 산행에서도, 계단 위에 서서도 하염없이 그 매력에 젖어들게 된다.

그런데 무리지어 피는 청초한 꽃 모양과 달리 그 열매는 대조적이다. 가을에 맺는 붉은 열매는 약재로도 쓰이는데 둥글고 울퉁불퉁한 모양이 흡사 도깨비방망이를 닮았다. 꽃 진 자리마다 열매 맺어 땅에 툭툭 떨어진 것을 볼 때마다 봄꽃의 화려하고 소담했던 기품을 떠올리게 된다.

오후 느지막이 운동화 끈을 조인다. 집 뒷산에는 졸졸 개울물이 꿈처럼 아늑하게 흐르고 있다. 산길은 두 갈래로 나뉘는데 조금 가파른 계단길이 있고 숨어서 매화꽃이 만발하는 조붓한 길이 있다. 내가 선호하는 좁다란 오솔길을 따라 오르면 뻐꾹새 울음소리가 고향의 향수를 자극한다.

모내기철이 되면 소녀는 머리에 작은 소쿠리와 따가운 햇살을 이고 길게 이어진 논두렁길을 걸어갔다. 국수 삶고 막걸리 주전자도 들고 일꾼들 참을 나르는 언니를 따라 타박타박 걷던 그 논길에서는 어김없이 뻐꾹 뻐꾹 하고 뻐꾸기 울음소리가 들렸다. 그 애달픈 정조가 오래도록 각인되어 산천에서 두견이 울면 푸른 모 이삭과 찰랑이던 무논의 정서를 함께 떠올리곤 했다.

나무와 나무들이 부딪는 소리, 간밤 비에 말갛게 씻긴 몸을 서로 기대는 화음들이 숲의 정령들을 불러 모은다. 나무들은 그냥 서 있는 것 같지만 다른 나뭇가지에 내 가지를 넣지 않는 등 그들만의 예절이 있다고 한다. 또 상처를 입으면 스스로 미생물을 죽이는 피톤치드를 내뿜어 진액으로 상처를 감싼다니 이 같은 자연의 질서 앞에 고개 숙이지 않을 수 없다.

더러는 사람도 꽃의 마음을 지향한다. 향기롭고 순후해서 아무에게도 상처의 눈금 하나 내비치지 않는 단순하고 수수한 들꽃이 될 수는 없을까. 그러나 부박한 세월에 부대끼다 보면 생의 바늘 같은 가시는 하늘거리는 꽃이기만을 거부한다. 인간의 길은 그래서 고행이요 고뇌다. 그렇게 산천을 불태우던 진달래도 이제 꽃 지고 잎만 무성하다. 신록의 계절이다.

향나무 숲길을 지나 떡갈나무 사이 길을 걷는다. 기도하지 않은 내 영혼은 헐벗은 산이다. 요즘처럼 이리도 신록이 짙푸를 때는 풍성한 기도의 숲이 부러울 뿐이다. 그러나 저 산은 기도하지 않는다. 왜냐하면 그것이 이미 하느님의 기도의 일부이기 때문이다.

산길을 벗어나 한 시간 남짓 임도를 오르면 선암사를 만난다. 벚꽃이 만발하던 어느 봄날에 지인 몇 명과 달빛산행을 한 적이 있다. 밤에 걷는 선암사 벚꽃 길은 워낙 수려해 그냥 지나치지 못하고 흐드러진 벚나무 아래에서 발길을 멈추었다. 달빛에 젖고 흥에 겨워 두둥실 함께 춤을 추던 기억은 가는 봄을 마중하던 소중한 추억이 됐다.

해를 거듭하면서 벚꽃 철이 되면 그날을 그리워하기도 하지만 그러나 기회는 아무 때나 오지 않는다. 벚꽃이 만개할 때 달빛이 밝아야 하고, 심술궂은 봄비 또한 너무 일찍 꽃을 떨어뜨리지 않아야 하기 때문이다. 봄꽃과 달빛과 비. 삼박자가 맞아야 하니 매사는 다 때가 있는 법이다.

오래 된 숲에는 소리가 산다. 어스름한 새벽, 혼자 산을 오를 때는 백양산이 온통 나 혼자만의 것이다. 약수터에서 운동기구에 비스듬히 누워 산새들 지저귐을 들으면 미처 잊고 지나쳤던 자연의 소리에 귀가 열린다. 사사사사, 스르르르 소나무 우듬지에서 까치가 집을 짓는 소리마저 열린 귀로 비집고 들어온다. 자연과의 대화, 사람은 혼자 있을 때가 가장 자기다운 시간이다.

다시 밤은 왔지만 창가에 이우는 달빛 때문인가. 쉽게 잠이 들지 않는다. 밤은 저물어 혼곤한데 만개한 달빛이 격자무늬 창살 가득 뚫고 들어와 안방까지 넘실댄다. 몽환에 쌓인 듯한 봄 밤. 책을 꺼내 읽어도, 송화주 한 잔을 마셔 봐도 밤은 내내 그 자리. 어느새 무르익은 밤의 정기가 한가득 월광에 취해 화답한다.

귀와 눈을 씻고 마음을 씻는 일은 숲 가까이 사는 일. 자신과 독자를 위해 작가는 자신을 글을 수없이 씻어야 하는 고행자가 아닌가. 산길을 가면서도, 고속도로를 달리면서도 늘 '시간'이란 길 위에 서서 글감을 찾고 탁마하는 일, 수필가의 길이다.

송홧가루 날리는 계절. 담근 열무김치는 통 속에서 익어가고 내 글은 생각 속에서 나날이 익어갈 수 있을까. 숲에서 불어오는 밤바람이 청량하다.

꿈에게

밤으로의 긴 여로에서 너는 내게로 왔다. 형체도 물체도 없는 것이 내일로 가는 길목에서 우리는 쉽게 만나고 헤어졌다. 실현될 가능성이 전혀 없는 허무한 바람에도 너는 안개처럼 보랏빛 환상을 입히기도 했다. 자고나면 한낱 허무요 잡히지 않는 구름일지라도 잠이 있어 네가 있고, 네가 있어 잠 또한 달콤한 것이다.

네게는 첫사랑처럼 아픈 상흔이 있다. 이미 이루어졌으면 네가 아니기 때문이다. 도달할 수 없는 그 무엇 위에 더러는 네 이름을 걸어 질끈 머리를 동이기도 한다. 목표를 가짐은 위대한 도전이지만 그 실핏줄 같은 섬약한 운세가 내 것이 아닐 때는 좌절을 맛보기도 할 것이다. 날개가 포개진 장자의 호접지몽은 꿈속의 내가 나비인지, 나비가 나인지 도무지 알 수가 없을 때도 있다.

정초에 독감 한가운데를 헤맨다. 의식과 무의식의 경계가 애매하다. 비몽사몽에 젖어든다. 잠인지 꿈인지 그 경계가 모호하다. 약의 기운이 의식을 누를 때가 그러하다. 소금에 절여지는 배추의 속내를 읽는다. 잠인 듯 꿈인 듯 나직하게 엎드리는 혼몽. 소금은 원소의 변화, 약물은 인체의 다스림. 소금과 약물이 형제라면 배추와 나는 지금 한 형제다. 또 다시 쏟아지는 잠.

성지를 순례하기 전날 밤 잠이 들었다. 차들이 수없이 도열한 낯선 도시의 공간에서 길 잃은 미아가 되었다. 어디로 가야할지를 몰라 황당함을 누르며 우두커니 서 있었을 때의 난감함… 다음 날, 자정이 가까운 깜깜한 밤 성지의 주차장에서 실제로 대절버스를 찾지 못한 나는 혼자 어둠 속에서 헤매고 있었다. 빈자리 하나 때문에 출발하지 못한 자동차는 또 얼마나 이 낙오자를 찾고 있었을까. 예지몽이 현실이 되어 이튿날 일어날 일을 너는 미리 보여 주었던 것이다.

어머님 가신 지 십수 년 만에 너는 내게 삼십대 젊은 날 어머님의 자태를 선물해 주었다. 정녕 혼백이 있다면 한 번이라도 오십사 하던 내 그리움의 기도를 네가 들었음일까. 어머님은 부엌에 계셨다. 쪽진 머리로 김이 오르는 가마솥 앞에서 푸짐하게 밥을 푸시며 한 마디 말이 없었다. 내게 있어 엄마는 밥이었다. 엄마는 부엌이었고 부엌은 엄마였다. 밥과 부엌, 아마도 먼 길 가신 어머님께선 아직도 자손들 입치레를 걱정하고 계셨던 걸까.

잠은 내일로 가는 징검다리, 의식 저 너머에 있는 무의식의 그림자다. 수도원의 어느 하루, 검정 수단을 입고 성전으로 향하는 수도사의 행렬은 거룩함의 극치였다. 백발의 수도사가 낮고 묵직한 소리로 부르는 찬미의 시편이 긴긴 복도에 울려 퍼질 때는 낡고 오래돼 나태해진 신앙도 금세 새 신자로 돌아설 듯했다. 새벽하늘에 붉은 기운이 배어들 때 깊은 잠에 들었다. 잠 속에는 이 세상도 그 너머도 없었다.

고향 냇가인지 맑은 개울이 졸졸 흐르고 있었다. 종아리를 걷고는 시냇물 따라 걷다가 그만 한쪽 신발을 흘려보내고 말았다. 잡을 수 없는 꿈처럼 자꾸만 멀어져 동동 떠내려가는 신발. 물길 따라 아무리 건지려 해도 끝내 잡지 못한 채 어떤 힘에 이끌려 그 신발은 멀리로 흘러서 갔다. 지나간 시간은 잡을 수 없는 일. 그런데 돌아서보니 새 신발이 한 켤레 가지런히 놓여져 있었다. 그 신발이 신기하게도 발에 꼭 맞았다.

놓은 줄 알았는데 다는 놓지 못했던 어떤 미련에 그 꿈은 새로운 길을 제시해주었다. 마음이 홀가분했다. 새로 정한 길이 오히려 가볍고 편안해졌다.

흔히들 태몽으로 남녀를 구분하곤 한다. 딸아이는 딸기와 함께 내게로 왔다. 생시처럼 택시를 탔는데 뒷자리에 앉은 내게 기사양반이 굵고 탐스런 딸기 두 개를 돌아보며 건네주었다. 아마도 동생을 낳았다면 틀림없이 또 딸이었을 게다. 남아의 태몽은 무나 고구마, 당근처럼 뿌리식품일 경우가 많은데 이는 아들이 가정의 기둥이 되기 때문이 아닐까.

손에도 잡히지 않고 허공에 걸려진 미망과도 같은 꿈은 실현시키고 싶은 바람이나 이상을 잠을 통해 더러 보여주기도 한다. 그러나 심신이 허약해져 있을 때는 나날이 악몽이나 흉몽에 시달리기도 한다. 길을 몰라 낯선 곳을 헤맨다든지, 허름한 창고에 갇혀 나가지 못해 안타까워 애태우든지, 억울한 모함에 울며 글며 괴로워한다든지. 이런 사악한 꿈길에서 벗어나는 길은 건강 회복이 아닐까. 잠과 꿈이 무의식의 정신세계 연결이라면 정신분석학자 프로이드는 이런 때 어떤 답을 내릴 수 있을지.

이상이나 꿈이 너무 높을 때는 그 무게로 인해 화평을 이룰 수가 없다. '욕심이 잉태하여 죄를 낳는다.'는 잠언의 말씀처럼. 겨울나무처럼 고요하고 담담할 수만 있다면 세상에 탐욕으로 인한 죄는 줄일 수가 있을 것이다.

별이 내린다. 달빛이 창문을 두드리는 시간, 오늘 밤은 또 어떤 길을 걸어서 네게로 갈까. 세상의 길을 헤매다 깊이 잠든 밤 너는 언제쯤 내게로 올까. 혼곤한 미망 속에서도 현실 아닌 네가 있어 위안을 얻는 세상. 허전한 잠 속에서 나는 또 너를 찾아 호젓한 길을 걷는다.

지금쯤 너는 가난한 선비의 방문을 노크해 흥부의 박 씨를 심어주고 있을까. 새벽잠에 곤히 빠진 수험생에겐 청운의 모자를 씌워줄 테고, 로또를 산 소박한 샐러리맨에겐 돼지 한 마리를 선물하는 길몽을 줄 수도 있을 것이다. 그러나 또 모르지. 허욕을 꿈꾸는 이지러진 몽상가에겐 천애 낭떠러지에서 떨어지게 할지. 그것은 오로지 네 선택에 달린 일이다.

언제나 마음 설레게 하는 두 단어 꿈, 길. 영원한 잠으로 돌아갈 때까지 밤의 여로에서 너를 만나게 될 것이다. 그러나 행운은 언제나 꿈꾸는 자의 것. 오늘 밤도 나는 너로 인해 한바탕 별이 쏟아지는 환상을 꿈꾼다.

꿈이 있어 아름다운 인생, 길이 있어 헤쳐 나가야 할 시간들.

나는 나를 리모델링한다

사실은 말이오, S형.

지난 일주일 간에 내 인생에 획기적인 사건이 있었다오.

나이 - 주름살 - 나이테….

세월이 주는 순리를 역행해 얼굴에 메스를 들이댔다는 사실입니다.

눈자위에 사정없이 쳐진 눈꺼풀이 깊고 작은 눈을 반쯤 덮으려 했을 때, 그래서 거슬리게 신경 쓰이고 있을 때 한 친구의 꼬임에 직방으로 빠진 거지요.

그 친구는 나와 동갑내기에 자신의 일을 갖고 있는 유능한 여인네. 우연한 여행길에서 그녀가 눈꺼풀 수술을 위해 견적

내는데 따라가자는 통에 나섰다가 문제적 콤플렉스인 내 눈의 견적도 함께 내고는 덜컥 시술 날짜까지 잡은 겁니다.

은연중 마음먹고 있었던 일이지만 사실 뭐 곰비임비 바빠서 못한 건 아니고 선뜻 실행하기엔 용기가 부족했던 차에 옆에서 친구가 슬쩍 등을 밀어준 격이지요. 한여름 열기가 가신 초가을의 모월 모일, 대형빌딩 6층의 성형외과에서 웃음기라곤 없는 차가운 전문의의 손길 아래 역사는 시작됐고 모질게도 눈꺼풀 위아래 생살 도려내는 작업이 전개된 겁니다.

그런데 아이고, 그거 참 한 번 하지 두 번은 못하겠더이다. 부분마취인가 뭔가 했으니 의식은 또렷 살아있는데 예리한 메스로 도리고, 가위로 살 잘라내는 소리가 서걱서걱… 축축한 거즈의 감각과 함께 눈 위에선 바늘과 실도 왔다 갔다 하고. 참, 내 평생 이 나이에 무슨 양귀비가 되겠다고. 그때는 후회해도 이미 소용없는 일이었소만.

네 시간에 걸친 수술 동안 나야 또 나지만 바깥 대기실 소파에 앉아 TV도 없는 로비에서 고스란히 수술시간을 함께 버틴 남편이 공로를 세운 거지요. 수술 집도의와 보조시술자들끼리의 대화도 다 들렸으니 '네 시간 동안이나 밖에서 기다려주는 남편 사랑이 부럽네요.' 하는 소리가 그럴싸하다고 느껴졌으니 이럴 땐 S형. 모처럼 남편에게 무언의 박수라도 보내야 할지요.

남편과는 의논 없이 한 결단이라 조심스레 수술 얘기를 내비쳤을 때 면전에서 사정없이 자빡을 맞을 줄 알았는데 그 사람 뜻은 정반대였지요. 오히려 반색하며. 수술 후에는 대중교통 이용을 하겠다니 무슨 말이냐며 늦깎이 직장에 연차까지 내고는 운전 봉사를 자초해 기다려 줬으니 든든한 보루가 된 것이지요.

그러고서 일주일, 아들 표현을 빌리자면 '돼지비계에 칼집 넣어놓은 것'처럼 퉁퉁 부은 양쪽 눈 아래위에 살색 테이프를 발랐으니 그 몰골이 내가 봐도 참 가관이었지요. 그래도 가족들이 밤잠 설쳐가며 한 시간 간격으로 이십사 시간 얼음안대 찜질을 한 덕에 부기浮氣도, 멍도 별로 없이 좋은 경과를 보일 수 있었네요.

드디어 실밥 뽑는 날, 따끔따끔 금속성 가위 소리와 함께 누워서 온몸의 촉수를 모아 전신을 움츠리고는 의사 앞에 앉았지요. 개봉박두, 맙소사. 이건 사람 모양 아닌 괴물 모양. 칼집으로 벌겋게 성을 낸 양쪽 눈두덩은 거울 보기가 민망한 상태. 원래도 뭐 그렇게 아리잠직하고 함초롬한 외모는 아니올시다만 붓기가 다 빠진다 해도 이 공사가 어찌 매듭이 될까 싶어 덜컥 겁이 나기 시작했지요.

그날 저녁, 대리기사 역할까지 자청한 남편도 안대를 푼 여편네를 바라보자 실소를 누르고는 '돈 들여서 고생하고 참….' 하고는 돌아앉고 말더이다. 속으로 얼마나 뜨끔했는지, 때 늦은 후회? 자책? 그래도 태연한 척은 했지요.

하기야 아직은 뜸 안 들인 밥이지요. 이제 기초공사 후의 마무리를 보기 위해 마음을 다독이며 지긋이 기다리는 일이 남았습니다. 그래봤자 제 인생 제 지게에 지고 가는 건데, 회오의 마음 한 자락은 어쩔 수가 없었지요.

지금은 '거울공주'에다 안방 귀양살이시대라 할까요. 아직은 얼굴이 푸석푸석 해산어미 같아 남을 대하기가 괴면스러운데도, 꼭 나가야 할 일들은 왜 그리 많은지…. 몇 달은 선글라스 신세가 지속될 것 같습니다.

마음속에 늘 살아있는 S형.

서산에 해는 지고 부는 바람에 초록 잎새들이 이리저리 일렁입니다. 하늘에 둥실 뜬 뭉게구름을 바라보며 잠시 생각에 잠깁니다.

성형을 부추기는 시대.

세월 가면 고왔던 얼굴도 망가지고 주름살에 쳐진 피부는 당연한 이치가 아니던가요. 어떤 찬란한 것도 오래 가지는 못하니까요. 자연에 역행하는 일을 평소에 부정적으로 보던 자신이 어느새 시대조류에 편승하고 말았음을 자인합니다. 지금 이렇듯 허허로운 마음은 그래서입니다. 빨래가 바람에 제 몸을 맡기는 것처럼, 인생도 부는 바람에 맡기면 그만인 것을.

S형.

가을이 깊어가고 있습니다.

이제 곧 무서리가 내리면 또 한겨울이 오겠지요.

신세계를 보다

아기는 잔다. 온 집안이 고요하다. 아기 잘 때 함께 좀 쉬고 싶어 잠시 눈을 감았다가 다시 벌떡 몸을 일으켜 천사 얼굴을 또 들여다본다. 그새를 못 참아서. 하얀 벚꽃이 지고 천지에 진달래가 만발하던 사월에 외손녀 은유는 세상에 나왔다. 봄처럼 부드럽고 고운 새 생명이 우리 가족으로 온 것이다.

두 팔을 위로 올리고 나비잠을 자는 아기 얼굴에는 우주가 주는 평화가 깃들어 있다. 호수 같은 그 얼굴을 보고 있으면 세상 근심이 다 사라진다. 이 평화를 돈으로 살 수 있을까. 황금으로도, 수천억의 지전으로도 너를 살 수는 없는 일이니 한 생명의 태어남보다 거룩하고 고결한 일은 없는 것이다.

은유가 세상에 온 지 이제 삼 개월, 딸아이 육아휴직이 끝나는 이달부터 공주는 내 집으로 왔다. 한 생명을 지키는 일은 바로 우주를 지켜내는 일. 할미는 기꺼이 육아를 맡았다. 칠십 노구에 관절과 삭신이 무너진다 해도 마음의 기쁨이 주는 행복과 바꿀 수는 없는 일이라 판단했다.

은유가 우리 집에 오고부터는 생활 패턴이 전부 다 바뀌었다. 우선은 가구 배치가 달라졌고, '그림자노동'의 시계추가 달라졌고, 할미의 모든 사회활동을 반납했다. 그렇게 바쁘던 문학과 신앙의 활동들이 일지정지에 들어갔다. 그 모든 것의 가치보다도 새싹 하나 피워내는 일이 너무도 고귀한 일이었기 때문이다.

아기는 자면서 입을 오물거린다. 옹알이 할 때처럼 웃다가 입을 샐쭉 삐죽이기도 한다. 복사 빛 피부. 또 만지고 싶다. 수유를 할 때도 등허리 맨살을 손으로 쓸어본다. 삶은 계란의 흰자위처럼 고 매끄럽고 부드러운 감촉. 일찍이 너는 어느 별에 있었기에 이제야 내게로 왔느냐.

아기는 아직 곤한 잠에 빠졌다. 천사가 잠든 시각은 호수의 물밑처럼 온 집안이 고요하다. 방문 여닫는 소리마저 조심해야 한다. 불시에 깨기라도 하면 그때부터는 비상태세다. 고요히 잠든 아기 얼굴에서 세상 평화의 근원을 보다.

주말은 딸아이가 아기를 집으로 데려가는 날. 강보에 싸서 보낼 때는 일순 해방이다 싶더니 돌아서는 그 순간 마음이 벌써 못내 허전하고 텅 빈 듯해 삶의 핵심이 빠져버린 듯한 느낌이다. 공허도 허무도 아닌 이 우주 같은 존재감은 어디서 오는 것일까. 고물거리는 작은 생명체가 저물어가는 한 이성을 송두리째 흔들고 있다.

미처 예상치 못한 일이다. 고 여린 생명의 무엇이 내 의식의 전부를 차지하고 있을까. 생각해도 묘하다. 칠순에 처음 얻은 귀한 손녀딸, 일흔 넘게 살아오면서도 인간에게 이런 감정의 색깔이 있을 줄은 또 몰랐으니 삶은 양파껍질처럼 살아갈수록 알 수 없는 신묘한 판도라의 상자다.

은유는 벌써 세상을 배우는 것일까. 이제 갓 백일을 지났건만 바깥세상을 감지하는 듯하다. 유모차에 태워 해거름 뒷마당에 나가면 그 소슬한 바람과 나뭇잎들이 부딪는 소리에 울다가도 스르르 잠이 든다. 뽀얀 피부, 분홍색 작은 입술, 배냇짓같이 잠시잠깐 스치는 신비한 웃음, 이 모든 것이 내가 은유에게 반하는 이유다.

어깨띠를 하고 내 품에서 곤히 잠든 아기를 내려다본다. 조손간에 흐르는 체온과 체온 사이. 내게로 온 어린 생명 은유는 온몸 내맡긴 채 쌔근쌔근 잠들어 있다. 태초의 숨소리에 가만히 귀 기울이며 여리고 따뜻한 아기를 꼭 껴안는다. 허리가 결리든, 어깨가 무너지든, 그것은 나중의 일이다. 인연의 끈 따라 내 가족으로 온 너는 이미 내 삶의 가장 큰 선물인 것을.

그러나 몰랐다. 늦게야 얻은 손녀를 키우기에는 내 나이가 너무 저물어 있었다는 것을. 나날이 써 오던 육아일기는 아가의 앞 이빨이 나기 시작하는 6개월쯤에서 멈추게 됐다. 삼복더위에도 하루에 목욕을 서너 번 시키고 혼신으로 아기 돌보느라 관절이 허물어짐을 의식할 새도 없었는지 오후가 되면 온몸에 힘이 완전 빠지는 탈진상태가 오기 시작했다. 체력에 무리가 온 육아의 고충이 짙어지자 점점 잠든 아기가 깨어나는 일이 두려워졌다.

그것이 오랜 병고가 시작되는 전조증상인 것은 더욱 몰랐다. 힘든 육아의 고통에서 해방되는 유일한 탈출구는 여행이라 믿었던 게 더 큰 오산이었다. 허약해진 심신으로 오래전부터 계획된 십삼일간의 이태리 성지순례에 합류하고 돌아온 후, 지나친 무리가 됐던지 걸음 걷기가 힘들어졌다.

하지무력증이 가져온 앉은뱅이생활 이십여 일에 마비증세까지 오는 온몸의 적신호들, 그로부터 어이없는 병원순례와 오랜 병고의 시간들이 시작됐다. 직립인간이 걷지 못한다는 일은 참으로 무서운 일이었다. 생의 무기력은 이처럼 예고 없는 데서 걸어오고 있었다. 그것은 발자국 소리도 없이 무참하게 다가와 한 인간의 역사를 잠식하고 피폐하게 만들었다.

삶의 해거름에서 얻은 값진 선물을 받기 위해서는 그만큼의 고통도 동반하게 된다는 것은 훨씬 뒤에 알게 된 진리였다. 평화의 근원, 내 삶에서 발견한 신비의 신세계. 친정엄마의 와병으로 직장을 그만 둔 딸이 맡아서 돌보게 된 빛나는 보석 은유는 이제 첫돌을 앞두고 있다.

할미의 기도 안에서 자라는 은유가 부디 지혜롭고 건강하게 자라주기를 바랄 뿐. 손으로 받아 안는 일보다는 이제 마음으로 안고 소중하게 기르고 있다.

오로지 가슴으로.

사람 꽃

은유의 숨결에는 가식이 없다. 고요를 잠재우는 아가의 숨소리에 가만히 귀를 기울인다. 호수같이 맑고 천진한 얼굴에는 때 묻지 않은 천국이 깃들어 있다. 진달래가 곱게 피던 계절에 세상 소풍을 나온 은유는 이제 22개월이 된 어엿한 귀염둥이, 두 팔을 활짝 올려 나비잠을 자는 아가를 바라보며 나는 세상 근심을 잊는다.

손수건을 입에 물고는 옆으로 누워 잠자다 다시 보면 또 엎드려 누웠다. 몸부림이 어찌나 심한지 넓은 침대를 이리저리 뒹굴며 사방을 헤매고 잔다. 꿈을 꾸는지 가끔씩 무어라 옹알이를 하다가 토닥였더니 다시 또 엎드려 꿀잠에 빠졌다. 아가는 지금 이 순간 자는 잠에도 무럭무럭 자라고 있다.

곁에 있어도 잠든 모습이 또 보고 싶어 살며시 방문을 열어 본다. 아가들은 꿈속에서 어디를 헤매고 있을까. 아마도 무서운 꿈을 꾸는지 더러는 흑흑 서럽게 흐느끼기도 한다. 꿈속에서 엄마를 찾고 있을까. 배가 고파 맘마를 찾는 것일까. 그럴 때는 나도 모르게 곁에 누워 가만가만 가슴을 쓸어준다. 무엇으로도 비교할 수 없는 이 뜨거운 정감은 어디서 나오는 것일까.

김을 굽는다. 팬에다 불을 엷게 하고는 두 장씩 얹어 천천히 뒤집는다. 검은 김이 파르스름하게 변하여 고소한 향내를 피운다. 은유는 김을 좋아한다. 울다가도 김을 주면 금, 금, 하면서 뚝 그치고 달려오는 그 모습이 보고 싶어 이 할머니는 불 앞에서도 구슬땀을 흘리며 구운 김을 통에 담는다.

은유의 머릿속에는 벌써 인지능력이 자라고 있다. 어른들이 하는 웬만한 얘기는 모두 알아듣고 어둔한 발음으로 말소리도 흉내를 낸다. 엄마 아빠 말고는 안 해, 됐다. 머? 등등 자주 쓰는 쉬운 말은 제법 제때에 구사한다. 침묵의 세계에서는 언어가 사라진 뒤에야 비로소 보이기 시작한다고 했는데, 말의 시작 이전에는 이미 감성과 지각이 자라고 있다.

손, 발, 눈, 코, 입 등의 신체부위는 가르친 적이 없는데도 언제 다 익혔는지 말하는 데로 척척 손짓으로 맞힌다. 엄살은 또 어찌나 심한지 약간 화상 입은 허벅지 부위를 호호 불며 기저귀를 갈 때마다 '아야 아야' 하고는 끙끙대며 신음소리를 내기도 하는 양이 그저 귀엽고 신기할 따름이다.

손잡고 걷기를 좋아하는 은유. 신발을 신겨 놓으면 손을 잡고 쪼작쪼작 걷기 시작하더니 요즘엔 온통 뛰어다닌다. 소리 나는 삑삑이 신발에 재미를 붙여 발을 쿵쿵 울리며 힘차게 발을 굴리기도 한다. 특히 핸드폰이나 리모컨 등 애착하는 목표물을 집었을 때는 행여 뺏으려 올까봐 번개같이 달아나는 모습이라니. 아기들의 성장은 어제 다르고 오늘이 다르다.

할아버지가 소파에 앉아 있으면 쪼르르 달려와 할아버지 엉덩이를 밀어낸다. 아래로 밀려나 바닥에 앉으면 또 손으로 밀고야 만다. 제가 앉아 놀아야 할 자리에 다른 사람이 앉아 있어 못마땅하다는 표시다. 제 엄마는 아기 반찬이 아니면 절대로 주지 않음을 눈치로 알고 있어, 할머니 무릎에 착 감기며 달라붙어 고기나 생선을 달라고 조른다. 거절하지 못하는 할미는 살짝 몰래 젓가락으로 생선살을 발라 입에 넣어주곤 한다. 이 맹목적인 할머니의 사랑. '전생에 자식은 빚쟁이, 남편은 원수, 손자는 애인'이라던 말은 이래서 생긴 말이다.

이른 아침에 은유를 데리고 뒷마당 놀이터로 나간다. 새벽 기운은 언제나 신선하고 청량하다. 피부를 스치는 살랑바람, 느티나무에 일렁이는 부챗살 같은 가지들의 일렁임, 비둘기가 떼를 지어 나르는 모습 등 아가천사의 눈에는 세상과의 첫 만남이 모두 신기할 따름이다.

한 생명이 살아가면서 배우고 익혀야 할 일들은 또 얼마나 멀고 아득한 것인지. 고사리같이 연하고 부드러운 아가 손을 만지며 외손녀의 앞날에 지혜와 건강이 함께 하기를 바라는 염원을 보낸다. 그것은 딸의 임신 초기부터 드리는 한결같은 내 기도의 제목이다.

아기들은 이미 부모들에게 되돌려 줄 수 있는 것을 다 주었다. 첫돌 무렵 아장아장 걸음마를 떼어놓기 시작할 때의 그 귀여운 모습, 천상의 음악인 양 까르르 터지던 그 웃음소리. 이름을 부르며 달려올 때의 그 환한 미소. 그것으로 이미 평생에 할 효도를 다하는 것이다.

자식 때문에 하는 가슴앓이야 평생 시한이 없다지만 그것 역시 부모 된 자의 자격증명일 뿐 어떤 대가를 바라거나 하소연해야 될 항목은 되지 못한다. 자녀를 기르며 겪어야 하는 모든 고통과 슬픔은 그들이 존재한다는 사실 하나만으로 이미 충분히 보상받은 것이 아니던가.

젊은 시절 내 아이를 키울 때는 잔 밥에 싸여 귀함도 신기함도 모른 채 그저 의무이려니 하고 육아에만 전념했다. 그러나 황혼 무렵에 처음 본 손녀의 자라는 모습은 매일이 신비고 기적이 아닐 수 없다. 하늘이 주신 귀한 선물은 종족 보존의 개념이나 조손간의 핏줄 내림을 넘어서는 무한 사랑의 대명사이다. 그래서 어린 생명 은유는 내 삶의 가장 빛나는 보석이다.

보고 또 보고, 만지고 또 만져도 자꾸만 안아주고 싶은 내 아가야, 무럭무럭 예쁘게 자라나 부모의 기쁨이 되려무나. 꽃 중의 꽃은 아무래도 사람 꽃이다.

순례

격렬했던 여름이 가고나면 나는 매번 쓸쓸해진다. 공허나 허무와는 또 다른 애수와도 같은 느낌? 작열하는 태양의 계절을 보낸 후의 맥 빠지는 허탈감 같은 것이다. 무성했던 나날에는 미처 감지할 여유조차 없었던 생의 허허로움이 미진한 추색과 함께 내 안에 자리 잡곤 했다. 수만 개의 바람으로 흩어지는 내 영혼이 가을과 손잡고 흐느끼고 있었다. 그것은 마치 하얀 서리 내리던 날, 열어놓은 장지문 사이로 솨하고 들이치던 한 줄기 차갑고 냉정한 바람 줄기 같은 것이기도 했다.

올해 유독 계절병이 더 심한 것은 일 년이 넘은 병고와의 투쟁 때문이었다. 일흔 고개 넘기는 참으로 어려웠다. 건강했던 날을 갈구하면서도 오랫동안 고통의 질곡을 허우적대야 했다. 이 아픔이 끝나면 또 다른 병고가 찾아오고, 고장 난 기계가 한 군데 삐거덕대니 다른 곳도 함께 무너지기 시작했다.

애초에 겁도 없이 외손녀 육아를 시작한 게 화근이었다. 일흔 고령은 생각지 않고 딸의 맞벌이 지원과 늦게 본 손녀에 대한 맹목적인 사랑이 부른 만용이 상한 가지를 와르르 부러지게 한 단초였다. 이제 큰 고개 넘으니 어리석은 자신이 보인다고나 할까.

우리 몸이 지地, 수水, 화火, 풍風으로 이루어졌다면 그 말에는 기氣가 빠져있는 것이다. 기운이 없으면 아무 기계도 돌아갈 수 없기 때문이다. 온몸에서 기가 확 빠져보고야 나는 이 말을 실감할 수가 있었다.

한여름 지열 속에서도 사랑스런 아가의 맨살을 만지며 씻기는 살가움과 애착에만 매달렸을 때도 이미 다 소진된 자신의 체력은 망각하고 있었다. 저녁이면 사지가 쫙 풀려 맥없이 눕기만을 반복할 때도 그것이 기가 다 빠져나가는 소리인 줄을 알지 못했다.

한 생명을 보듬고 우주를 돌보는 일은 참으로 힘든 일이었다. 마음만은 새파란 봄인데 몸은 시든 낙엽인 줄을 미리 감지했다면 늙은 떠돌이처럼 병고의 긴 터널 속을 걷지 않아도 됐을 것을, 그것을 안 것은 도탄지고의 호된 수업료를 다 치르고 난 다음의 일이었다.

급기야는 아가가 잠에서 깨어나는 것이 두려워졌을 때 오래 전부터 추진해오던 신앙모임에서의 성지순례가 마약처럼 나를 손짓했다. 육아에서 해방되는 유일한 탈출구는 이태리로 떠나는 십삼 일간의 여행이라 생각한 심경이 무리한 출분을 부추겼다. 그러나 그것은 더 큰 함정이었다.

정말이지 '여행은 가슴 떨릴 때 가야지, 다리 떨릴 때 가면 안 된다.'는 것은 밀라노에 도착한 다음부터 무서운 현실이 되고 있었다.

그것은 지옥훈련이었다. 매일 아침부터 저녁까지 이어지는 무리한 행군은 여행의 즐거움이나 신심의 거룩함보다는 옳게 걸을 수가 없는 내겐 지옥의 행군일 뿐이었다. 여행이 육아에 지친 심신을 치유할 수 있는 해방이요 탈출구가 아니라 화마를 안고 불 속으로 뛰어든 형국이 되고 말았다. 일행을 따르기 위한 무리한 안간힘은 분위기를 위해 타인에게 함부로 말할 수도 없는 일이었으니 이미 기력이 다 빠진 삐거덕대는 체력은 결정적인 고장을 일으키고 말았다.

후들거리는 다리는 결국 하지무력증을 가져왔고 그로 인해 병원순례와 치유를 위한 끝없는 고통의 나날들이 시작됐다. MRI나 사진상으로는 나쁜 데가 없다니 한방치료에 의존할 수밖에 없었다. 생애 최대의 고비를 만난 육신은 망가진 채 일흔 고개를 넘고 있었고, 손녀 육아는 일 년도 못 채우고 일터를 사직한 딸아이 몫으로 돌아갔다.

피폐해진 심신은 저승을 흐르는 스틱스 강을 건너고 있었다. 극도로 쇠약해진 몸은 밤마다 침상을 땀으로 흥건히 적셨고 칼로 도리는 듯한 등뼈의 참을 수 없는 통증은 인내의 한계를 시험하게 했다. 면역력이 약해지다 보니 대상포진에다 병명도 알 수 없는 아픔들이 신체 곳곳을 후벼 파고 다녔다.

정말이지 저승 뱃사공 카론에게 어서 빨리 노를 저어라고 매달리고 싶은 때였다. 생애 어디서건 슬픈 일들은 일어나게 마련이어서 사람들은 병이 들기도, 죽어가기도 한다는 것을 실감하고 있었다.

다행히 옳은 한의사를 만나 앉은뱅이가 서게 되고 일 년 후에는 차츰 차도를 보여 걸을 수도 있게 됐다. 사람의 몸은 육체와 정신이 둘이 아니라 하나이다 보니 육신이 망가지자 정신도 함께 무너졌다. 나무의 모든 가지들이 하나의 몸통에서 나왔듯이 사람의 모든 것도 마음에서 나오는 것이 아니던가. 불안 초조와 불면의 밤을 지새우던 육아우울증도 건강 회복과 함께 서서히 물러나고 있었다.

그 즈음 고통의 바다 한가운데서 아이들 성화에 이끌려 리마인드 웨딩을 찍었다. 결혼40주년 녹옥혼식綠玉婚式의 해였다. 지금 그 사진은 거실 벽 한 편을 차지하고 환하게 웃고 있다. 남편의 팔짱을 낀 채. 사진 속에는 시련의 흔적이 없다. 인생 70페이지에 마치 아무 일도 없었던 듯 백색의 드레스와 조명등과 엷은 미소만을 보이고 있다. 생의 모든 일들은 이렇게 흔들리며 지나간다. 고통이니 슬픔이니 하는 찌든 기억들은 사진 액자 저편에 감추어진 채.

걸음이 자유롭지 못할 때는 앞으로의 인생에 여행은 없으리라 생각했다. 그러나 태엽이 조금은 제자리로 돌아온 지금은 등산길도 오르고 싶고, 보고 싶은 서울 언니 댁에 나들이도 가고 싶다. 주부로서의 '그림자노동'이 얼마나 고귀한 것인지, 당당하게 걷고 있는 행인들이 얼마나 큰 부러움인지 장애 체험을 겪어보지 않았다면 미처 몰랐을 것이다. 처음으로 일어설 수 있었을 때와 빨래를 널 수 있었을 때의 그 희열과 기쁨들. 일상의 기적들은 어디서고 일어나고 있었는데 누리고 있는 모든 것을 그저 당연하게만 생각하고 있었던 것이다.

햇볕 따사로운 날 천천히 낯익은 산길을 걷는다. 걸을 수 있음에 흐르는 감사의 눈물. 약수터의 조롱박과 편백나무 숲들은 모두 그 자리 그대로였다. 골짜기 따라 흐르는 계곡물 소리는 경쾌한 경음악이 되어 어서 빨리 오라고, 그동안 고생했노라고, 환영하는 코러스가 되어주었다.

가을 산 다녀온 여인은 가을 앓이 중이다. 울긋불긋한 가을 산에서 어찌 단풍만 안고 오겠느냐. 추억도, 떠나간 시간도, 그리움도 불처럼 안고 왔을 터이다. 그래서 사람마저도 붉은 단풍이 드는, 붉은 감기를 앓는 가을이다.

나는 지난 일 년여 얼어붙은 강 위에 있었다. 삶의 자리가 어디에 있든, 누구와 있든, 넓은 길을 가든, 좁은 길을 가든, 살아가는 일은 순례의 길이다.

여창 旅窓

바람의 안달루시아

이베리아반도 중심도시 꼬르도바로 가는 길이다. 카르타고와 로마가 등장하기 전 이미 도시로 자리 잡은 곳이니 까마득한 시간 저편의 역사를 만나러 간다. 이곳은 우리가 아는 '고도방가죽'의 산실이었으니 고대적부터 피혁제품 생산으로 지명을 떨친 곳이라 하겠다.

그러나 누가 이 도시를 '안달루시아의 신부'라 했던가. 해발 천 미터 산언덕으로 오르는 가파른 구릉 길은 바람이 몹시도 심했다. 스페인 북부 라만차지역은 키 큰 가로수도 모두 한쪽으로 기울게 해 성난 바람이 셀프주유소를 삼킬 듯했다. 가끔은 흔들리는 생의 바람에도 삶의 수레 그 무거움을 잠시 벗어 에스파냐 역사 속에 잠기는 날이다.

이천 년이 넘은 도시 꼬르도바는 로마인과 이슬람의 영향을 많이 받아 문화적으로 풍요로울 뿐만 아니라 도시 곳곳에 그 흔적들이 남아있다. 광장의 오벨리스크와 우뚝 선 성당이라든지 고색창연한 모스크의 유적들이 그것이다.

오래된 도시의 좁은 골목길을 걷는다. 성전이나 관청은 언덕배기 구릉 길에 선 그대로, 상점이나 식당들도 구불구불 옛 모습 그대로 지형을 보존하고 있어 고대적 삶의 모습을 생각하게 한다. 이런 느낌은 모로코 페스의 좁은 뒷골목을 걸을 때도 마찬가지였다. 현대문명을 거부함이 아니라 섣부른 도시계획에 편승하지 않고 옛것을 존중하는 문화적인 의식이 살아있음을 엿볼 수 있는 부분이었다.

좁다란 골목 발코니마다 붉은 미소를 머금은 색색의 제라늄이 나그네를 반겨준다. 내가 아닌 너를 위한 배려의 손길이다. 즐비한 기념품 가게에서 딸의 혼수품으로 도자기로 된 벽시계 하나를 샀다. 빛깔과 문양이 너무 고와서였다.

오렌지나무 가로수를 지나자 유대인 거리에 홀로 선 세네카 동상을 만난다. '행복한 삶이란 고상한 정신과 한결같은 평온함'이라고 외치던 그의 나직한 음성을 듣는다. 한 철학자의 고매한 정신은 후세에도 남아 무심한 영혼으로 스며든다. 일상의 근본을 벗어 내 속에서 나온 내가 멀찍이 서서 나를 바라보는 날. 파드레! 안달루시아.

동화 속 꿈의 마을 미하스에 도착한 것은 해 질 무렵이었다. 모로코 탕헤르 항구에서 지브랄타 해협을 건너 온 후였다. 언덕 위 옛 성터에선 하얀 별장들이 석양빛을 받아 묘한 정조를 안겨주었다. 자그마한 카페에선 하나둘 보라색 불빛들이 켜지고 있었다. 대부분의 커피광고에 찍힌다는 예쁘고 고즈넉한 동네라 생의 마지막에 정착하고픈 곳이었다. 신이 허락한다면, 또는 그러지 못한다 해도.

여행 중에 만나는 아침은 때로 신선한 기운과 알지 못할 청량감에 쌓일 때가 있다. 말라가 해변의 아침이 그랬다. 눈을 뜨자 새들의 지저귐이 생기를 가져온다. 창을 열었다. 무한의 바다가 한눈에 열리고 호텔 주변에는 온통 푸른 수목들이다.

스페인 남부 피카소의 고향 말라가. 그림교사였던 부친의 영향을 받은 피카소는 말라가 해변의 정경을 자주 화폭에 담았으니 거장의 흔적이 배인 곳이다. 바닷가로 아침 산책을 나가고 싶었으나 시간 제약 때문에 객실 창 너머로 수평선과 맞닿은 암회색 바다를 담담히 바라보는 것으로 만족한다. 약간 흐린 날의 말라가 summa호텔에서 바라본 지중해의 전망이 최고의 선물을 제공한다. 나날이 낯선 풍경과 새로운 감성을 마주하며 느긋이 찍어보는 인생의 쉼표. 오늘 하루도 시간의 길 위에 서다.

기타 연주로 된 '알함브라 궁전의 오후'를 들으며 그라나다로 이동하는 길. 낭만적인 선율과 함께 투어버스는 나른한 졸음에 잠겼다. 그라나다의 상징이자 이슬람문화의 최고 걸작인 붉은 성 알함브라 궁전의 내부가 점차 궁금해지는 시각이다.

멀리 씨에라네 바다를 바라보며 싼타페 동네로 들어선다. 그라나다란 석류란 뜻. 안달루시아의 석류 같은 도시라고 해서 그라나다란 이름이 붙여졌단다. 시내에는 세 개의 언덕이 있는데 사비카 언덕은 알함브라 궁전이 있는 곳으로 통상 알함브라 언덕이라 하고, 또는 알라신의 언덕이라 부르기도 한다.

까를로스5세의 왕궁이었던 알함브라 궁전의 담홍색 성벽과 탑이 눈앞에 전개된다. 작아서 더욱 정감이 가는 궁전, 영화를 누리던 왕족은 사라져가고 관광객의 혼잡한 발걸음만이 소란스럽다. 리시버를 사용하지 않고는 일행의 목소리도 알아듣기 힘들 정도다.

궁전 내부는 고대의 흙과 공기에 시간의 때만 덕지덕지 묻어있을 뿐 화려함과는 거리가 멀다. 창을 통해 내려다보이는 구시가지 모습은 알록달록한 이슬람의 전통양식이 많이 엿보인다. 어두컴컴한 대사의 방, 술탄이 거처하던 방, 수백 개의 방 가운데 있는 비밀의 방, 이사벨여왕이 생활하던 공간이 차례로 열린다. 이슬람의 마지막 왕 모압들이 엄마에게 꾸중 듣던 지점은 네모난 철책으로 가려져 신성시되고 있다. 콜럼버스가 신대륙 발견 후 만찬을 하던 방은 기둥의 정교한 문양이 인상적인데다 천장은 수만 개의 종유석 형상으로 돼 있어 마치 동굴에 들어온 느낌이다.

술탄과 후궁들이 샤워하던 증기목욕탕에선 가만히 귀 기울이면 졸졸 물소리가 들릴 듯하다. 술탄의 권위는 하늘에 닿았다. 왕비와 근위병의 몰래한 사랑이 술탄에게 들키자 하렘에 불러 서른여섯 명 근위병의 목을 무참하게 쳤다. 그 억울한 목숨의 핏자국들이 고사한 '사랑의 나무'에 남아 지금도 젊은이들이 사랑을 서약하는 나무로 남게 됐다. 궁전 내부의 사각형 연못은 인도 타지마할 묘 비슷하게 축조됐는데 깊게 가라

앉은 그 초록 물빛은 당시 역사의 애환을 담고 있을 것이다.

건물 4층 높이의 궁전 꼭대기에 서면 사방 어디를 둘러봐도 그라나다 시내 전역을 조망할 수가 있다. 흙먼지 풀풀 날리는 황성옛터를 나오니 입 안에도 먼지가 버적인다. 쓴다는 일, 기록과 관망, 그리고 침묵.

성터 빈 의자에 바람을 마주하고 앉아 시간의 타임머신을 타고 알함브라 궁전 현장으로 달려가 본다. 이사벨여왕의 비단옷이 사각거리는 소리, 권력 암투에 빛나는 무사들의 눈동자, 사라진 왕조들은 다 어디로 갔을까.

근대를 빠져나와 혼돈의 현대를 마주하는 곳, 건너편 아래 언덕에는 집시의 마을이 보인다. 천국으로 가는 나무 싸이프러스. 높다란 나무 꼭대기에 비둘기 한 마리가 내려와 앉는다. 헤네랄리페 여름 별장 사이로 분수가 쏟는데 그 조용한 물소리가 '알함브라 궁전의 오후'의 기타 선율을 닮아있다. 끝없이 높게 도열한 싸이프러스 사이 길을 지나 그 옛날 술탄과 왕비처럼 우아하게 걸어가란다.

돈키호테의 고장 콘수에그라로 이동하는 길은 라만차 평원의 바람을 가로질러야 했다. 방랑 생활을 좋아한 세르반테스는 들렀던 곳마다의 경험을 소재로 쓴 이 작품으로 스페인을 대표하는 몽상작가가 됐다. 주인공 돈키호테는 작가의 옆집에 살던 정신병자가 모델이 됐는데 그는 워낙 특이하고 해괴한 짓을 곧잘 했다.

돈키호테가 괴물인 줄 알고 싸웠던 라만차의 풍차가 드문드문 나타나기 시작한다. 이상보다 우위에 있는 현실을 무시하고 근대에도 중세처럼 살 수 있다고 돌격하던 그는 현실 배반자였던가. 바람이 스쳐가는 곳 작은 동네 라만차가 내세울 것이라고는 풍차밖에 없다. 작가는 가고 없어도 라만차는 살아있다. 그것이 문학의 힘이다.

실종

세비야에서 딸을 잃었다. 대성당의 나선형계단 전망대에 올라 도시의 시내 전경 조망을 마친 후였다. 시간이 잠자고 있는 강물의 신비. 안달루시아의 중세도시를 가로지르는 과달카비르 강의 조용하고 유장한 흐름에 잠시 넋을 잃었을까. 들끓는 인파 어디에도 금방 옆에 있던 딸의 모습이 보이지 않았다. 순간의 일이었다.

감청색 후드 점퍼를 쫓는 시선의 초점이 불안하게 흔들리기 시작했다. 경사 가파른 내리막길을 빠르게 내려올 때의 긴장감처럼 심장에서 쿵쿵 망치소리가 났다. 지구 반 바퀴를 돌아와 이베리아반도의 한쪽 끝 번잡한 모퉁이에서 다 키운 여식을 잃어버리다니.

낯선 도시에서의 막막함은 경박했다. 이대로 아이가 나타나지 않는다면 어떻게 될 것인가. 가족여행을 떠난답시고 설레며 지도를 뒤적이던 시간들이 떠올랐고, 편한 운동화를 찾느라 모녀가 백화점 매장을 돌던 장면들도 잠시 떠오르다 사라졌다. 집결 장소인 오렌지공원에서 일행들은 이미 정해진 시각에 다음 장소로 이동하게 되자 곧 숨이 멎을 듯한 강박감에 사로잡혔다. 약속된 집결 장소엔 두 사람의 인솔자와 우리 부부만 남게 됐다.

고색창연한 황금의 탑, 여왕의 비단 옷자락이 스쳐 지나간 마리아루이사 공원, 이슬람의 청색 건축 문양과 알함브라 궁전의 감동적인 기억들은 그때 내게 아무런 의미를 갖지 못했다. 오로지 딸, 딸, 딸, 이 아이는 도대체 어디로 사라진 것일까. 준수하게 생긴 스페인 로컬가이드와 함께 황당하고 다급해진 심경으로 아이를 찾기 위해 어둑신한 조명의 세비아 성당 안으로 다시 빨려 들어갔다.

아득한 천장 조각에 벽면 성인상과 그토록 화려한 스테인드글라스가 눈에 들어올 리 없었다. 정신없이 성전 바닥을 헤매는데 파란 눈의 가이드는 혼자 있는 아가씨를 볼 때마다 혹시 딸이 아니냐며 손짓으로 묻곤 했다. 그 동감이 고마웠다. 하긴 성전의 숙녀들은 모두 내 딸로 보였으니까.

얼마를 헤맸을까. 성마른 절망감에 털썩 땅바닥에 주저앉는데 멀리서 불현듯 딸아이의 모습이 눈에 들어왔다. 세비야 대성전 오렌지정원의 매직이었다. 선글라스에 모자에 천연덕스레 혼자 나타난 딸애는 집결 시간을 착각한 거라 했다. 잠시 동안이지만 에미를 사경에 빠뜨린 아이는 오히려 태연한데 그 이십분 간의 시각에 나는 지옥을 다녀왔다. 로마의 성 베드로 성당, 영국의 세인트폴 성당과 함께 세계3대성당의 하나라는 스페인의 세비야 대성당에서.

세상의 수많은 가치 중에 핏줄만큼 중요한 것이 또 있을까. 혹자는 신념이나 종교, 민족이나 조국이라고도 하겠지만 내겐 아무래도 신앙심과 애국심, 그 이전에 나약한 모성이 더 우위라는 것을 이번 여행의 타는 목마름이 가르쳐주었다.

그러나 실종된 것은 딸아이만이 아니었다. 신이 부재하는 성소, 웅장함을 자랑하는 대성전에 미사의 전례는 사라지고 없었다. 열두 사도와 갖가지 문양이 새겨진 아름다운 창문, 금빛으로 번쩍이는 보석과 왕관들, 백년에 걸쳐 지어진 으리으리한 성전의 규모에 압도되지만 먼지만 자욱이 앉은 성수

대와 가리개로 가려진 황금 제대 위에서는 어떤 신앙의 거룩함도 찾아볼 수 없었다.

세비야 카테드랄 내부에는 콜럼버스의 관이 안치돼 있는데 당시 스페인을 구성한 레온, 카스티야, 나바라, 아라곤 등 네 명의 국왕이 콜럼버스의 관을 메고 있다. 세비야를 번성케 한 콜럼버스는 대성당에 안치될 만큼 스페인에서 추앙받는 인물이었다. 그는 비록 스페인 출신은 아니었지만 당시 스페인의 막대한 지원을 얻어 신대륙을 발견하고 황금의 부를 가져다준 공로를 인정받은 것이라 하겠다.

그의 관 앞에서 수없이 터지는 카메라 셔터를 보며 엉뚱하게도 나는 우리 본당의 경건한 미사 분위기를 떠올리고 있었다.

한국의 시골 성당, 공소 신자들의 아늑하고 간절한 그리스도 신심들… 중세 가톨릭의 화려했던 잔재 앞에서 잠시 허전한 바람이 스쳐 지나갔다. 그 허허로움은 터키의 성소피아 성당을 찾았을 때도 같은 느낌이었다. 가톨릭의 종주국인 유럽에선 오히려 수도원이 문을 닫는다는데 천주교가 자생으로 뻗어나간 동방의 작은 나라에는 도시마다 신학교가 생겨나고 있는 현상을 어떻게 바라봐야 할지.

니체가 말한 '신은 죽었다'가 아니라 신이 떠나간 관광지로

서의 종교 건물에서 사람들은 무엇을 보고 느꼈을까. 저토록 웅장하고 화려한 성전을 짓기 위해 얼마나 많은 민초들이 피땀을 흘렸을까.

그들은 하느님의 집을 짓는다는 신앙심으로 기쁜 마음으로 노역을 했을까. 저 엄청난 성당에서 신을 경배하면서 과연 지상의 번뇌를 씻고 내세의 행복을 얻었을까.

톨레도의 한 성당 외벽에는 성당 건립 시 노예들이 쓰던 쇠사슬이 그대로 전시돼 있다. 그 쇠사슬들은 끊임없이 '기억하라' 라고 말하고 있었다.

해가 뉘엿해질 무렵 콜럼버스 기념탑이 있는 세비야의 스페인 광장에 섰다. 안달루시아 자치정부 청사 앞에서 다리를 뻗고 앉아 유달리 길었던 하루를 돌아본다. 마누엘 양식으로 지어진 초승달 모양의 길고 특이한 건물 위로 오렌지 빛 석양이 잠시 졸고 있었다.

벽돌색 문양으로 이어진 긴긴 회랑을 돌아 나오자 인디언 복장을 한 거리 악사들이 넘어가는 해를 바라보며 '썸머타임'을 팬플루트로 천천히 연주하고 있었다. 그 정조가 어찌나 애잔했던지. 바닥에 있는 악기 통에 넣은 지폐 한 장이 전혀 아깝지 않을 만큼 훌륭한 연주였다.

얻은 것보다는 잃은 것으로 더 기억될 여행의 하루가 저물었다. 내일은 투우의 도시 론다로 향하는 날. 론다는 헤밍웨이가 '누구를 위하여 종을 울리나'를 집필한 곳으로 안달루시아 산악지대의 작은 마을이다. 세비야의 실종과 함께 잊을 수 없는 휴가가 된 스페인 여정의 중반부에서 딸아이의 손목을 꼬옥 잡는다.

굿모닝 에스파냐

산마르틴 다리에 서면 사방 어디를 배경으로 삼아도 '달력사진'이 된다. 약 팔백 년 전 사람들은 성전을 짓기 위해 이 다리 위로 건축용 화강암이나 대리석을 마차로 실어 날랐으리라. 아랍제국시대로부터 부서지지 않고 건재하는 견고한 교각 등이 역사의 유구함을 말해준다. 여행의 인증 샷, 순례객들은 저마다 카메라에 추억을 담는다.

천년의 도시 톨레도 대성당 오르는 길. 길목은 그리 넓지 않고 따가운 햇살은 발걸음을 점차 지치게 만든다. 아득한 옛날 이슬람, 유대교, 가톨릭이 공존했던 시절에서부터 펠리페 2세가 마드리드로 수도를 이전하기 전까지 톨레도는 스페인의 옛 수도였다.

수세기 동안 유지되었던 로마제국의 힘과 권력은 5세기부터 그 힘을 잃어가게 되었고, 이때 스페인 반도에는 비시고도족이 들어와 세력을 넓히게 되면서 톨레도를 왕국의 수도로 정했다.

8세기에 접어들면서 스페인 반도는 이슬람제국과의 전쟁 국면으로 치닫고 있었다. 결국 아랍 왕에게 점령당한 톨레도는 사백 년간 아랍제국의 통치를 받게 된다. 이후 알폰소 6세에 의해 수복된 톨레도는 반도 내의 가장 중요한 도시가 되기 위한 기틀을 다졌다.

오랜 영화를 간직한 도시에는 고풍스런 역사의 숨결이 배어 있다. 에메랄드 빛 따호 강을 거느리고 붉은 바위산에 서 있는 옛 시가지는 시간이 멈춘 듯 마치 중세도시에 온 듯한 느낌이다.

비사그라 문을 지나 톨레도 성당 앞에 선다. 정문 양쪽에 서로 대칭을 이루는 두 개의 탑이 있고 그 사이로 화강암으로 만든 세 개의 문이 정교한 조각물들로 장식돼 있다. 성전 내부에는 스페인 가톨릭의 총본산임을 말해주듯 당시 597년 주교에서부터 현재까지의 스페인 대주교 사진이 전시돼 있고, 지하에는 추기경들의 무덤과 팔백 년 전 주교반지와 목걸이

등을 복원해서 보관하고 있었다.

주교좌성당인 카테드랄 내부에서 가톨릭의 유구한 역사와 함께 중세 가톨릭의 부패상을 떠올린다. 온갖 보석과 금색으로 치장한 화려한 주교 제의는 권위와 명예의 상징이었을까. 그들의 스승 예수는 황금 제의는커녕 머리 둘 곳조차 없었는데 저렇듯 무겁고 요란한 치장들은 누구를 위한 것이었을까. 엄청난 보석과 비단으로 감싼 제의를 보며 사람들은 그들에게서 어떤 신성을 느꼈을까.

고개를 들어 제대 위쪽 아득한 꼭대기 십자가에 못 박힌 예수상을 바라본다. 밝은 조명을 받고 있음에도 어쩐지 그 표정이 어두워 보인다. 일생 세 번(출생, 결혼, 사망)밖에 성당에 가지 않는다는 그들의 신앙을 슬퍼하고 있음인가.

오백 년에 걸쳐 완성한 대성당에는 스페인이 자랑하는 16세기 화가 엘그레꼬의 작은 미술관이 있다. 예수 탄생과 최후의 심판, 천국과 지옥의 정경 등 성서적인 종교화들을 보며 하늘나라는 어떤 것일까를 생각하게 된다. 예수를 세 번 배반한 〈베드로의 눈물〉은 참회하는 베드로의 눈물이 영롱하게, 방금이라도 흐를 듯한데 음영 한편으론 검은 그림자를 남기며 쓸쓸히 사라져가는 예수의 뒷그림자가 애잔하게 묘사돼 있다.

〈오르가즈백작의 매장〉이란 작품 앞에서도 한동안 발을 떼지 못한다. 사후에 자기 재산을 모두 교회를 위해 써줄 것을 유언한 백작의 영혼을 천사들이 내려와 받아 안는 모양을 본 사람이 있어 그 형상을 그림으로 표현한 작품이라고 했다.

마드리드 시내로 들어서자 스페인의 문화는 광장의 문화란 걸 느낀다. 보라색 팬지꽃이 만발한 스페인 광장에선 스페인의 대문호 세르반테스가 작중인물인 돈키호테와 산초를 지긋이 내려다보는 높다란 동상을 만난다. 광장의 오벨리스크마다 역사적인 인물들을 상징탑으로 세웠는데 펠리페3세의 동상이 있는 마요르 광장에는 마침 일요일이라 회랑을 돌아가며 벼룩시장들이 들어서 있다.

돌길로 조성된 중앙 분수대에 앉아 듣는 성당의 종소리가 마음속에 고즈넉한 평화를 안겨준다. 태양의 문이라 불리는 솔 광장을 지나 프라도 미술관으로 가는 길, 고대의 돌길을 밟으며 근대의 향기를 마주한다. 유럽의 오래된 돌길에서는 중세 기사들의 말발굽과 그들의 샌들소리가 들리는 듯하다.

마드리드에서 다시 고야의 고향인 사라고사로 이동하는 지루한 여정, 장시간의 투어버스에서 잠시 들르는 휴게소의 커피 맞은 여행에서 만나는 오아시스와도 같다. 인생의 쉼표인 여행 역시 삶의 오아시스.

바르셀로나 항구의 노천식당에서 먹는 현지식 '빠에야'는 조금 특이한 맛이다. 담치와 새우를 섞은 해물볶음밥 비슷한데 쌀은 덜 익어 푸들푸들하고 기름 범벅인데다 노란색 사프란 향이 특이해 절반도 못 먹고는 접시를 물린다.

가우디의 특별한 성당을 만나기 위해 사라고사에서 네 시간을 달려온 길, 사그리다 파밀리아(성가족성당)는 이제 바르셀로나의 랜드 마크가 돼 세계인의 인파로 발 디딜 틈이 없다. '안토니 가우디'의 신심이 빚어낸 걸작품인 가우디 성당은 스페인 사람들의 정신적인 지주인 몬세랏 산을 모티브로 삼아 건축 설계됐다고 한다. 옥수수 형상을 한 네 개의 상징탑 중 하나의 완공만 보고 그는 갔으나 지금도 보수, 신축 중인 크레인이 공중에 매달려 있다.

가족과 함께 떠나온 이번 스페인 여행의 목표가 가우디 성당이기도 했지만 과연 성전의 위용 앞에서는 외형부터가 우선 압도적이다. 정면 입구 쪽엔 종려나무와 열두 살 시절의 예수모습과 노아의 방주, 동방박사의 별 등 성서적인 장면들이 부조돼 있고, 그밖에 가우디가 성지순례하며 만난 여러 동식물의 모습 등도 새겨져 있다.

성전 내부의 많은 기둥들, 스테인드글라스의 밝고 선명한 색채감, 사방을 둘러봐도 경이로움만 가득하다. 배당받은 리시버를 목에 걸고는 인솔자의 설명 들으랴, 놀라운 아름다움에 탄성을 가늠하랴 정신이 혼미해오는 느낌… 교황 방문 시 바실리카(큰 성당)라 명명, 가우디에 대해 '기적'이라고 극찬한 근대예술의 걸작품을 확인하는 순간이었다. 성전 후문 역시 수난의 예수, 십자가의 길에서 예수의 얼굴을 닦아드린 베로니카 성녀의 수건 등과 가우디 자신의 얼굴이 부조돼 있었다.

가우디 생전의 작업실이었던 지하박물관에서 장인의 손길이 닿았던 문고리를 만져본다. 가우디는 평생 독신으로 지내며 지극한 신심으로 빚어낸 이 성전이 소란한 관광지로 변신하기를 바랐을까. 그가 원했던 건 아마도 거룩한 전례가 살아있는 신앙의 터전이 아니었을까.

바르셀로나 시내 가로등 하나에도 가우디의 손길이 스미지 않은 곳이 없건만 그의 최후는 너무도 쓸쓸했다. 건축 구상에 골몰해 시내를 걷던 중 마차에 부딪혀 쓰러진 초라한 모습의 가우디를 아무도 알아보지 못했다. 구호병원으로 옮겨진 그는 얼마 후 숨지고 말았으니 한 예술가의 위대한 영혼이 어이 없게도 지고만 것이다.

귀족이자 선교사였고 가우디의 평생 후원자였던 구엘을 위해 건축했던 구엘공원 역시 가우디의 독특한 취향이 잘 드러나 있다. 직선을 배제하고 알록달록한 곡선을 선호한 건축이념이 돋보이는 아름다운 벤치에 앉아 사월의 따가운 햇살을 만끽하며 여행의 끝 지점을 생각한다.

황영조 선수의 기념비가 선 몬주익 언덕에서 돌아와 잠시 갖는 자유 시간. 람불라 광장의 까르푸에서 가족여행의 자축을 위해 와인과 안주를 샀다. 사랑이 인생 최고의 만찬이라면, 여행은 그 만찬 후의 디저트라고 했던가. 홀리데이인 호텔의 마지막 밤. 브라보 스페인 여행, 아디오스 바르셀로나.

모로코 여창

'당신이 누구든 어디 있든 지금이 생의 가장 절정.' 그 말은 맞다. 딸과 함께 떠나온 가족여행의 지금이 생의 절정임에 틀림이 없다. 암스테르담 경유 포르투갈 리스본으로 향하는 기내에서 내다본 하늘 길은 온통 솜털에 쌓인 백색의 향연이다. 인천공항에서 암스테르담까지는 열두 시간 비행.

'우리 지금 구름 속에 있는 거야?' 옆에 앉은 딸아이가 말을 건넨다.

네덜란드 항공기엔 좌석마다 모니터가 부착돼 있다. 에어리언의 불빛처럼 푸른 스크린이 내뿜는 로맨틱 코미디 영화 한 편을 보는데 쏟아지는 졸음 때문에 화면에 집중할 수가 없다. 거대한 철 나비는 금속 굉음을 내며 하늘을 날고 대부분의 승객은 잠이 들었다. 시트에 기대며 남편의 잠든 모습을 물끄러미 바라본다. 검버섯이 많아진 피부에 세월의 신산이 얹혀 있다. 검은 안대에 약간 벌어진 입으로 그는 꿈나라를 헤매고 있을까.

인생의 쉼표를 찾아 나선 길. 시간은 우리에게 더러는 가라 하고, 또 오라고 한다. 집을 나선다는 것은 또 다른 내일을 준비하는 것. 그것은 충전이요 휴식이요 여행의 다른 이름이기도 하다. 장시간 비행에 지쳐 도둑고양이처럼 스며든 리스본의 밤하늘, 한밤중 기내 창을 통해 내려다본 시가지는 황금알갱이를 뿌려놓은 듯 현란하고 고요하다. 지구 반 바퀴를 돌아와 낯선 도회의 풍물과 마주하는 밤의 대기 속에서 약간의 긴장과 설렘을 마주한다.

육지가 끝나고 바다가 시작되는 곳, 까보다로카는 땅 끝 마을 곶이 있는 작은 마을이다. 평지가 없는 구릉의 암반지대에는 끝없이 올리브나무가 심어져 있고 투어버스엔 구슬픈 음률이 흐른다. 마음의 현을 요동치게 만드는 슬픈 노래 '파두'의 나라 포르투갈.

항해 나간 남자를 기다리는 숙명이란 뜻을 간직한 파두는 슬픈 듯 흐느끼는 듯 한이 서린 정조가 우리나라 아리랑과 많이 닮은 듯하다. '아말리아 로드리게스'로 인해 유명해졌으나 지금은 마리사의 파두가 더 많이 알려졌다고 한다. 파두를 들을 때마다 나는 곧잘 맹그로브 나무를 떠올리곤 한다. 바다 깊숙이 뿌리 내리고 있으나 수면 위로 떠올라 꿋꿋한 생명력을 자랑하는 수생식물, 끊어질듯 이어지는 파두의 매력 또한 그런 것이 아닐까.

리스보아(리스본)의 사월은 보라색 도시다. 도시 전역을 뒤덮은 보라색 등꽃이 나른한 태양과 함께 몽환적인 분위기를 연출한다. 영국에 대한 감사의 뜻으로 만들어진 에드워드7세 공원을 시작으로 벨렘지구 문화센터의 벨렘 탑, 그리고 제로니모 수도원의 순례가 이어진다. 마누엘양식으로 지어진 벨렘 탑 광장에서 멋진 팬 플루트 연주를 하고 있는 거리 악사의 모자에 기꺼이 지폐를 넣어주다. 우리가 아는 리스본은 영어식 발음. 여기서는 수도명이 리스보아다.

해 저물 무렵 성모발현성지 파티마에 도착했다. 1917년 5월에 양 치는 세 목동에게 성모마리아가 나타남으로서 파티마에 태양의 기적이 일어난 곳이다. 루시아, 프란치스코, 히야친타, 세 어린 목동들이 놀던 자리엔 하얀 대성전이 들어섰고 광장에 높이 솟은 십자가는 침묵의 기도를 부른다. 기도하라. 회개하라. 백 년 전 성모의 메시지는 러시아의 회개와 베를린 장벽을 무너뜨렸다.

그때 성지 한복판에서 문득 떠올린다. 하늘의 뜻이 열린다면 포르투갈을 함께 여행하고 싶다던 사람을. 마음속에 항상 살아있는 그의 안녕을 위해서도 타오르는 촛불 하나 불을 붙인다. 사람에겐 세월이 지날수록 만나고픈 사람이 있고, 그 그리움이 이룰 수 없는 별리의 그림자로 남아있는 이도 있다.

사월의 지는 해가 따갑게 머물고 있는 파티마에는 세계 가톨릭성지의 정수라 할 만큼 삼십만 명을 수용하는 거대한 광장과 중앙 탑을 배경으로 좌우 주랑에 그리스도의 수난을 그린 벽화가 그려져 있다. 일행 중 가톨릭신자들은 미사의 아쉬움을 접은 채 마침 시작되고 있는 묵주기도의 예절에 잠시 참례할 수가 있었다. 우리가 묵은 파티마호텔의 밤은 어느 때보다 정갈하고 고요했다.

진초록 물결은 성난 바다인 듯 검푸른 몸을 뒤척이며 거친 숨을 내쉰다. 지브랄타 해협 건너 아프리카 북부도시 모로코로 가는 길은 오랜 기다림을 필요로 했다. 투우의 도시 론다에서 타리파로 이동, 언제 올지 모르는 페리에 승선하기 위해 다섯 시간가량이나 지친 기다림을 견딘 후였다. 모로코 탕헤르 항구에 도착한 것은 밤이 꽤 이슥해진 시각이었다.

'앗살라 말리쿰!' 신의 가호가 있기를. 이튿날 해뜨기 전 여명을 가르며 낯선 도시의 새벽을 달린다. 영화와는 전혀 상관없는 도시 '카사블랑카'를 향하여. 60년대에 성행한 이 영화는 전체가 뉴욕에서 촬영되고 지명만 빌렸을 뿐이란다. 차창에 달라붙는 이슬비. 안개 속에서 유엔광장을 지나치는데 카사블랑카 영화에 나오던 닉스카페의 가상 간판이 보인다.

빨간색 바탕에 오각형 별, 모로코 깃발이 관청 군데군데 펄럭인다. 대서양을 배경으로 우뚝 선 핫산 탑. 무하마드5세 핫산 왕릉. 높다란 종탑에서는 아잔이 기도시간을 알리는 종소리가 들려온다.

'킹덤 오브 모로코'로 인해 더욱 잘 알려진 모로코의 언어는 이슬람 말, 종교도 코란도 모두 이슬람 언어다. 하루 다섯 번 메카를 향해 기도하는 무슬림들은 신과 가장 가까운 사람들이 아닐까. 한 손에 칼, 한 손엔 코란! 그것은 그들 종교와 삶의 의미 전부이다. 차도르로 얼굴을 가리는 것도 여성의 성적인 모든 것을 가리기 위함이다. 페스의 메디나에는 삼백 개가 넘는 이슬람 모스크가 있다. 하늘 아래 만인이 평등하다는 이슬람사상. 머리에 터번을 쓴 모로코 인들이 거리 곳곳에서 박하차를 팔고 있다.

황량한 벌판의 모로코 빈민촌을 스친다. 남루한 천 조각이 너덜거리는 움막에 한 가족이 사는 모습은 문화적 충격이다. 사막 같은 평원은 계속 이어지고 사하라의 건조한 모래바람이 스치는 도로변 휴게소에서 민트차 한 잔으로 칼칼해진 목을 축인다. 점심은 모로코 전통 음식인 '구스구스'인데 닭고기에 각종 야채를 넣은 노란 찜 같은 주요리가 커다란 접시에 푸짐하게 나왔다.

시간이 멈춰버린 도시, 페스의 좁은 뒷골목은 모든 것이 중세 그대로다. 한 사람이 겨우 지나칠 정도의 좁은 흙먼지 미로를 따라 조악한 상점들이 들어서 있는데 상표는 대개가 메이드인 차이나이다. 그 좁은 미로에 두세 평 정도의 조악한 상점들이 이천사백 개나 들어있다니 놀라운 일이다. 한 줄로 늘어선 관광객에게 따라붙는 호객꾼들을 피하며 행여 일행을 놓칠세라 숨 가쁘게 걷는다.

유럽과 아프리카가 만나는 나라 모로코. 모로코지방 갈라디아 사람들. 그들의 해는 흙먼지 속 미로에서 지고 또 뜬다.

정교하고 화려한 철제 조각품들은 모두 수작업으로 이루어지는데 곳곳의 상점에선 곱슬머리 장인들이 작은 망치로 작품 제작에 몰두하고 있다.

세계 기행의 모로코를 소개할 때마다 빠지지 않는 장소가 있는데 그곳이 바로 화학제품을 전혀 쓰지 않고 고대의 방법 그대로 이어지고 있는 천연가죽염색 장소이다. 알록달록 수놓은 가죽 샌들이 가득 쌓인 상점에서 염색공장인 테너리를 내려다볼 수가 있었다. 그들은 왜 저렇듯 원시적인 방법을 고수하는 것일까. 사막의 따가운 햇살, 그들 노동자들의 진한 땀 내음에 배인 밥벌이의 지겨움. 백화점에 진열된 화려한 피혁품의 이면에는 그들의 숭고한 땀이 스며 있다.

모로코를 떠나오던 날, 탕헤르 항구에는 세찬 바람이 부슬비를 뿌리고 있었다. 얼마를 기다려야 배가 오려나. 그 배는 또 언제 떠나려나.

인샬라! 모든 것이 신의 뜻대로!

포트딕슨의 밤배

무더위를 떠나 또 다른 무더위를 찾아 나선 길, 휴양지 랑카위에 꽂힌 꿈이 빗나가 포트딕슨에 닿았다. 쿠알라룸푸르 공항에서 딕슨으로 향하는 길은 비포장도로의 열악한 황토 길이다. 우리네 육십 년대의 낙후된 정경들이 차창을 비켜나고 들판에 아득하게 도열한 팜 나무들이 이국의 정취를 더해준다.

상하의 나라 말레이시아, 기후 탓인지 눈길 닿는 곳이 모두 팜 나무다. 기내에서 내려다보이던 무성한 야자수의 숲도 알고 보니 팜 나무였다. 말라카왕국 시절부터 번창한 향신료산업이 오늘날 말레이의 주산업인 팜유의 주산지가 됐다고 한다.

해변의 달빛은 푸르게 빛나고 있었다. 야자수 그늘이 하늘에 맞닿아 무르익은 칠월의 밤이 정염에 쌓였다. 한낮의 뜨거움을 피해 달밤에 야외수영장을 찾은 피서객들이 인어처럼 물속을 유영한다. 포트딕슨 해변의 선탠 의자에 비스듬히 등을 누이고는 하늘에 촘촘하게 박힌 별들을 바라본다. 해변과 달빛과 파도가 한데 어우러진 휴가지의 꿈, 지상에서 누리는 쉼표의 하루가 저문다.

일상에서 지고 온 마음속 추의 무게는 내려놓으라고 달빛이 속삭인다. 철썩 처르르~~ 파도소리는 방파제 너머에서 거센 숨결을 내쉬는데 리조트의 푸른 밤은 또 다른 목소리로 가라앉은 심상을 다독인다. 휴가는 떠나온 자의 몫, 멀리까지 따라온 애린愛悋의 그림자는 애써 지우기로 한다. 딸아이와 함께 떠나온 모녀간 휴가여행의 편안함에만 몸을 맡기고 풍덩 수영장에 뛰어든다.

새벽 해안은 잠잠하다. 정박한 요트와 유람선은 대양의 꿈에 젖어있다. 파도와 물살을 가르고 심장 박동을 뛰게 할 하얀 요트의 대열은 닻을 내린 채 출항 직전의 고요에 잠겼다. 해변에 마련된 '호텔조식'을 위해 접시에 계란 요리를 담아내자 새 한 마리가 포르르 날아와 먼저 낚아챈다. 새들과 함께 먹는 아침식사다.

호핑투어의 날, 바다 속을 보는 일은 신비다. 딕슨 해변의 은모래는 따갑다 못해 뜨겁게 밟혀 상하의 나라를 실감케 한다. 스노클링을 위해 뱃전에 부딪는 거센 물살을 헤쳐 말라카 해협을 가로지른다. 거칠게 성난 푸른 바다 어미의 품속을 찾아드는 작은 병아리들.

구명조끼에다 호흡기 안경을 착용하고는 용감하게 물속을 뛰어든다. 해저의 세계는 부연 안개로 흐린 듯 그 속살을 얼른 드러내지 않는다. 칠월 염천 가라앉은 한여름 열기는 바다 속도 용암처럼 부글거리고 있었다.

천천히 물살을 헤집고 나가자 드디어 산호초와 열대어의 세계가 열렸다. 무한의 비밀을 간직한 소리 없는 바닷속 평화. 태초에 물고기가 있고 사람이 있었나니 신이 무엇을 먼저 만든지는 알 수 없으나 해저에도 지상에도 생명은 공존하고 있었다. 그 보이지 않는 엄연한 생명의 질서.

말레이시아 고대도시 말라카 언덕에는 세인트폴 처치가 있다. 말레이 최초의 성당이 있던 자리에는 한 손이 없는 F.하비에르 신부님의 대리석 동상이 지키고 섰다. 그의 사후에 차마 떠나보내기 싫었던 한 신자가 신부님이 못 가게 잡고 싶어 손목을 잘랐다는 설명이다. 한국 가톨릭이 1700년대에 들어왔으나 말레이는 이미 1500년대에 전파됐으니 우리보다 이백 년이 앞선 아시아 최초의 가톨릭 선교지라 하겠다.

그러나 지금 이 나라 국교는 이슬람이다. 마침 라마단 기간이라 해가 지자 재래시장 같은 천막촌에 거대한 불빛의 식당이 열렸다. 전날 들렀던 국립 이슬람사원의 기억들…. 머리 수건까지 가려진 보라색 전통 이슬람복장의 아랍 여인이 되어 맨발로 사원을 걸어가던 종교적인 체험, 그것은 전혀 새로운 문화와의 만남이었다.

사철 무더운 나라라 어디든 열대과일의 천국이다. 매점에서 망고스틴을 7링깃을 주고 샀다. 우리 돈 삼천 원도 채 안 되는데 거의 한 바구니다. 속살이 하얗게 마늘쪽처럼 생긴 과일인데 과즙이 달콤하고 부드러웠다. 호텔 객실에 들면 하얀 레이스 접시에 오색 과일이 정갈하게 놓여져 있기도 했다.

여행의 추억은 밤배의 기억과 함께 한다. 작은 조각배는 통통대는 모터 소리를 내며 달 밝은 강기슭을 미끄러져 나간다. 강폭은 좁았다가 점차 넓어졌다. 아마존으로 떠나듯 미지의 세계로 향하는 밤배는 띠몬 강의 물살을 가볍게 가른다.

마침내 여름밤의 강 숲에 성탄트리가 활짝 폈다. 강폭의 양

쪽 맹그로브 나무에 매달린 반딧불이 무리들. 환상이요 신비다. 띠몬 강변에 축제의 점등처럼 반짝이는 반딧불이 서식지는 자연이 주는 혜택이요 선물이다.

상현달마저 은은하게 비추어 별빛들이 지척인 양 반딧불이 빛과 합류한다. 천상과 지상의 은빛 제전. 별빛이 반딧불인가, 반딧불이 별빛인가. 강변에 스치는 상쾌한 밤바람을 마시며 뱃전에 기대어 손바닥에 강물을 담아본다.

쪽배가 강기슭에 닿자 맹그로브 가지가 손에 잡힌다. 일순 손바닥 안으로 살포시 날아든 반딧불이. 그러나 은빛 환상은 잠깐이었다. 손가락 사이로 모래가 빠져나가듯 이내 꿈처럼 반짝이는 초롱불은 머리 위에서 맴돌고 있었다.

잠깐이다. 손 안에 든 은빛의 꿈도, 지상의 행복도 모두가 잠깐이다. 이국의 밤에 깊어가던 여행의 추억도 한 편의 판토마임처럼 멀어져갈 것이다. 딸아이도 나도 반딧불이를 손 안에 쥐어보던 잠깐의 행운을 가슴에 새기게 됐다. 무정한 밤배는 자꾸만 그렇게 멀어져갔다.

천년 고도 서안

야간비행은 고되고 힘들었다. 왜 인생은 고행을 무릅쓰고 변화를 원하는가. 안락한 집, 고정된 습관을 버리고 미지를 추구하는 것, 그것은 호기심인가 지적 모험인가. 중국 서안으로 향하는 기내에서 불편한 시트와 끝없이 떠들어대는 중국인들의 소음 때문에 잠들지 못하는 뒤척임 속에서 밤 내 그것을 생각했다.

부연 안개, 대기는 몹시 흐리다. 미세먼지가 황사로 뒤덮여 가득한 회색 운무가 여기가 중국임을 실감케 한다. 그러나 마스크도 없이 사람들은 출근길을 서두르고 있다. 고층건물이나 아파트의 조밀함에 비해 거리 모습은 한산한 편이다. 중국인의 낯선 거리풍경과 함께 서안의 아침이 밝아왔다.

진시황과 양귀비의 역사가 서린 천년 고도 서안. '중국 고대역사를 보려거든 서안을 가고, 현재를 보려면 베이징을, 그리고 미래를 보려거든 상하이를 가라' 는 말은 빈말이 아닌 듯하다. 명나라 홍무제 때 건설된 서안성벽을 바라보며 수천 년 역사의 깊이를 가늠해본다. 당나라 궁전 유물들이 보관돼 있는 섬서 박물관의 양귀비 캐릭터는 절세미인과는 거리가 먼 약간 오동통한 귀부인 느낌이다. 당시 미인의 척도는 요즘처럼 팔등신이 아닌 복스러운 귀인상이었는지도 모른다.

초겨울 비 내리는 화청지는 소슬한 바람이 버드나무 잎을 간질이고 지나간다. 당 현종과 양귀비가 거닐던 연못가엔 작은 물새 한 마리가 추위에 떨고 있다. 당대에는 황제들의 온천지로 유명했으나 이제 그 유물의 흔적들만 남아 세월의 무상함을 말해줄 뿐 양귀비가 온천 후 긴 머리채를 말렸다는 누각도 성채의 종탑마냥 바람 속에 우뚝 홀로 섰다.

화산으로 향하는 길은 서안에서 자동차로 두 시간 거리다. 마침 겨울비가 추적추적 내리고 있어 준비한 우산보다는 입는 비옷이 제격이다. 배낭에, 비옷에 볼일 보는 것 또한 간단치가 않다. 중국의 화장실은 모두가 세수간洗手間이라 표기돼 있어 변소, 정낭, 이런 개념보다는 손 씻는 데라는 감으로 다가온다. 시야는 계속 흐리고 버스는 부연 시계視界 속으로 미로를 향해 달린다.

중국 5대 명산의 하나인 화산은 산세가 높고 험준하기로 이름난 암벽 산이다. 빗속에 시야가 가려져 다행이지 케이블카로 정상을 오르다 어지러움에 아예 눈을 감고 만다. 북 봉 꼭대기에 앉아 저만치 아득한 산 아래를 내려다본다. 아찔하다.

구십 도에 가까운 수직 절벽에 두 뼘 남짓한 널빤지만 선반처럼 붙어있는 장공 잔도가 아니라면 도저히 길을 놓을 수가 없는 지형이다. 콘크리트와 나무 조각을 짓이겨 잔도를 만드는 일은 지금도 양생 중이라 바구니 등짐을 한 짐꾼이 좁고 가파른 계단을 숨을 헐떡이며 걸어 오른다. 고달픈 밥벌이의 지겨움. 생계를 채인진 지게의 무게가 회산의 높이만큼 아득해온다. 글감을 찾아 해발 이천이백 미터까지 올라온 나그네와 고달픈 짐꾼의 차이는 무엇일까. 구름 속에 묻힌 화산을 내려오자 잠시 선경에 들었다가 속세로 온 듯한 착각에 젖어든다.

삼천 년 동안 잊혀졌던 섬서성 서안이 각광받기 시작한 것은 1974년 우물을 파던 농부가 발견한 진시황 병마용 때문이다. 사마천은 사기에서 '시 황제는 즉위하면서부터 여산에 능을 만들기 시작, 칠십만 명을 동원했다.' 고 썼는데 병마용갱은 진시황릉 부근의 1.5킬로미터 지점에 위치해 있었다.

시대는 영웅을 낳고 영웅 또한 시대를 만든다. 기원전 259년 열세 살 어린 나이로 진나라 군주로 즉위한 시황은 주변 6국을 평정하고, 북방 이민족의 침략을 막기 위해 만리장성을 쌓는 등, 막강한 통치력을 발휘한다. 그러나 과도한 노역은 백성들의 고통을 가중하고 반대 세력을 키워 진 제국의 멸망을 재촉했다. 만년에 영생불사에 심취해 만세를 누리고자 했으나 오십도 살지 못하고 기원전 210년 지방 순행 도중 48세 나이로 붕어, 역사의 무대를 뒤로한다.

생전에 그는 동남동녀를 삼천 명이나 뽑아 불로초를 구하려 했다는데, 일설에는 우리나라 제주도까지 와 불사약을 구했다는 말이 있기도 하다. 그는 계세사상을 믿었던 것일까. 죽은 후에도 무덤 안에 집무실, 지휘소를 만들어 병사와 마차 등을 배치해놓고 사후를 보내려 했다. 그 어마어마한 작업이 지하에 병마용을 만들었고 이천이백 년 후 그 위대한 유물은 고도 서안을 먹여 살리고 있다.

수천 년 세월을 일깨운 병사의 모습은 실제 사람 모습과 비슷한 크기로 서 있다. 흙으로 빚어 몸체 따로, 머리 따로 만든 후 마지막으로 이어 붙여 발은 사각형 틀에다 안전하게 세워 놓은 형태다. 처음 도용을 세운 후 위에다 통나무로 덮은 자국이 있고, 그 위를 거대한 지붕을 만들어 덮었을 것이다.

전시관은 세 곳으로 조성됐는데 선두에는 석궁 사수가 배치돼 있고 그 바깥에는 보병과 전차병 무리가, 후미에는 갑옷 입은 호위병으로 도열해 있다. 신기한 것은 아무리 들여다봐도 똑같은 표정의 군사는 한 사람도 없다는 것이다. 신비의 시간에 갇혔던 조형물과 황하의 흙 속에서 수천 년 시간의 간극을 읽는다. 명령만 내리면 방금이라도 출전할 듯한 군사의 표정에서 진나라의 영화와 덧없는 세월의 바람소리를 듣는다. 생전에 무소불위의 권세와 욕망의 꽃을 피웠던 진시황 야망의 목소리와 함께.

사람은 여행을 통해서 생각과 마음을 정리한다. 더러는 그 여정이 고되기도 하지만 낯선 거리를 걷고, 쉬면서 설렘과 열정으로 자신을 돌아보게도 된다. 여유가 생기면 다음에 여행을? 그러나 내일은 사실 우리의 날이 아니다. 그건 창조주 하느님의 몫일 뿐이다.

옛 중국의 면모를 한껏 느낄 수 있는 도시 서안은 빠르게 변화, 발전하는 중국에 어떤 정신적 밑바탕이 되고 있는가의 답을 제시해 주었다. 무엇이 한 번쯤은 꼭 서안에 오고 싶다는 영감을 주었는지 그 넓은 병마용 갱을 천천히 걸으며 생각하고 있었다.

몽환의 도시

살아온 나날 살아갈 나날이 꿈처럼 아득한 오후, 리프트를 타고 요산을 오르다. 낙타의 굽은 등처럼 불룩 솟은 산봉우리가 병풍처럼 사방 둘러싼 데다 안개마저 자우룩해 그 잠포록한 정경이 사뭇 몽환적이다. 천애 낭떠러지를 내려다보는 마음이 구름 속에 쌓인 신선인 양 잠시 현실감을 잊게 한다.

문학 동인들 십여 명과 함께 중국 계림의 양강 국제공항에서 내리자마자 바로 요산의 꼭대기에 올랐으니 눈 아래 전개되는 거대 산수화가 마냥 그림 같기만 하다. 언제 찍었는지도 모르게 리프트 카에서 내리는 사람들의 모습을 큰 사진으로 인화해 내밀더니, 내려올 때는 또 열쇠고리에 그 사진을 담아 판매하고 있다. 절경 뒤에 가려진 재빠른 중국인의 상술이었다.

공항을 조금 벗어나자 시골 소읍처럼 계림 시내 인상은 한적하고 허술했다. 마침 퇴근 무렵인지 차창으로 한꺼번에 사람들이 이동하는 모습이 스쳤다. 자세히 보니 오토바이보다 조금 낮은 스쿠터의 행렬이다. 자동차도로 이면에는 스쿠터 도로가 따로 있다만 그 작은 차에 아기들을 앞뒤로 태우고는 태연자약하게 달린다. 아무런 보호 장구 없이 이동하는 모습에 괜한 어미 마음이 오싹해지는 순간이다. 한자 간판들은 대부분 간자簡字를 사용해 우리 눈에는 낯설고 어설프기만 해 소통의 부재를 가져온다.

끝없이 산수의 절경이 이어진 계림桂林은 이름 그대로 계수나무가 많아 붙여진 지명이다. 지리적으로는 베트남과 라오스에 접한 중국 광서성 동북부에 있어 여러 소수민족이 살고 있다. 원래 이곳은 바다였는데 지각변동으로 인해 해저가 지형적으로 돌출하여 기암괴석이 특이하게 형성됐다고 한다. 유장하게 흐르는 리강離江을 배경으로 주변의 기기묘묘한 봉우리들이 어우러져, 요순시대의 산수화 정경이 끝없이 전개

되고 있다.

'세외도원'은 송대의 대표적인 시인 도연명의 도화원기에 나오는 무릉도원을 테마로 한 곳이다. 배를 타고 강을 유람하면서 소수민족의 삶을 엿보고 다양한 풍광을 만나본다. 연보랏빛 부레옥잠이 수면에 만발한데 뱃길은 소리 없이 흘러간다.

유람선 제비호의 호수 길 선유船遊가 시작됐다. 와족의 족장은 여자인데 만 18세부터 그 자격이 부여된다. 일처다부제로서 남편이 칠 명까지 허용된다니 대단한 여권신장이다. 유람선이 다가가자 젊은 여성 족장이 망루에서 북을 치며 반겨준다. 까무잡잡한 피부, 어깨를 드러낸 호피무늬의 전통의상이다. 뱃머리가 돌아가자 무리지어 핀 붉은 도화의 화려함이 그지없이 고혹적이다. 알고 보니 사철 피는 그 꽃은 관광객의 눈속임을 위한 조화였다.

계림의 네 가지 볼거리는 산, 수, 동굴, 소수민족이다. 가을비가 추적추적 기웃대는 사이로 와족들의 마을을 방문하다. 표정 없는 인간의 모습. 남녀 한결같이 호피무늬 옷을 걸친 그들은 다만 관광 상품화되어 열악한 가옥과 생활상을 있는 그대로 보여주고 있을 뿐이다. 거기에 인간으로서의 삶이 있을까. 의식주 모두를 정부에서 지원받고 있으니 치열한 생존 경쟁도, 별다른 생의 목적도 없이 그저 우리舍 안의 동물처럼 사육되고 있을 뿐이다. 부슬비 속 어둑시근한 막사 안에서 맨발로 사진촬영에 응하는 그들에게서 인간의 존엄성은 사라지고 다만 소수민족의 비애를 마주할 뿐이었다.

계림투어의 백미는 아무래도 장예모 감독의 '인상유삼저印像劉三姐'라 할 것이다. 장예모 감독이 판위에, 왕차오꺼라는 두 명의 감독과 손잡고 일궈낸 '인상시리즈'는 계림 인근의 시골 마을에서 시작한 인상유삼저가 첫 작품이다. 세 감독은 이곳의 빼어난 산수와 야외무대로 마을에 전해지는 소수민족의 설화 유삼저를 줄거리로 밭 갈고 고기 잡는 동네 농어민들을 아마추어 배우로 훈련시켜 세계에서 보기 드문 웅장한 수상 공연을 만들어냈다.

소외된 지역에 관광버스가 줄을 잇고 연간 백만 명이 넘는 관광객이 찾아오게 됐다. 사실 계림여행을 선택한 것도 이 수상연극을 보기 위함이었다. 리강을 낀 농촌 지역을 세계적인 관광 명소로 만든 그 발상은 문화 콘텐츠 개발을 위한 정부의 지원과 이에 따른 예술의 힘이었다.

유삼저는 '인상적인 유씨네 집 셋째 딸'이란 뜻이다. 그녀는 꾀꼬리의 환생으로 악독한 지주가 억지 결혼을 강권해도 그 유혹을 물리치고 좋아하는 목동과 결혼한다는 내용의 지역설화가 바탕이 되었다. 기묘한 자연풍광과 장족, 묘족 등 소수민족의 문화가 어우러져 장엄한 야간공연을 펼치는데 그 화려한 조명과 레이저 쇼는 경이롭기까지 하다.

공연이 펼쳐지는 강물 속에선 수백 명의 인원이 뗏목을 받치고 있다니 그 규모는 상상을 넘어선다. 칠백여 명의 주민들이 낮에는 고기를 잡고 저녁에는 이 공연에 출연한다는데 이제 원래의 농사보다는 공연 수입이 주변 5개 마을의 주 소득원이 되었다. 가난에 찌든 시골 사람들의 삶도 바뀌었다. 출연료 덕에 형편도 나아졌고, 초라한 소수민족의 일상이 아름다운 작품의 장면들로 엮여 가치를 부여받은 것이다. 인상유삼저의 영향으로 계림 인구는 7만 명에서 30여만 명으로 급증했다고 하니 제대로 된 공연작품 한 편이 지역경제에 미치는 영향은 실로 대단하다 할 것이다.

공연을 마치고 나온 밤늦은 시각. 수천 명의 관광객이 한꺼번에 쏟아져 일행을 찾는 세계 각국의 언어가 뒤엉긴다. 낯선 동네, 한밤에 일행을 놓칠세라 우리 일행도 서로의 손을 꼭 잡는다. 인상유삼저를 찾는 이 인파야말로 바로 계림을 지키는 힘이다. 리강의 강물은 굽이굽이 흐른다. 무수히 치솟은 산봉우리들과 강물의 조화를 이룬 풍광은 마치 신선이 사는 곳 같다. 기암괴석 사이로 뱃사공이 노 젓는 모습이 담긴 인민 화폐 20위안의 배경이 된 이곳, 리강 유람선의 이층 난간에 올라 산수의 진경에 빠져든다. 사방 둘러보아도 아득한 무릉도원이다.

여행은 충전이요 쉼이며 자기계발이다. 삶의 자리에서 잠시 벗어나 익숙하지 않은 환경과 자연 속에서 다시 한 번 자신을 돌아보고 삶을 리모델링한다. 푸른 강심을 바라보며 애수에 젖어드는 눈빛의 남편은 이번 여행을 통해 무엇을 얻었을까. 쉼의 자리 바로 거기서 다시 또 시간은 흐르고 있다.

해가 진다. 비릿한 물비린내, 갯가 특유의 물 내음이 코끝을 자극할 때 나른한 졸음에 빠진다. 생의 화양연화花樣年華도 함께 흘러가고 있다.

※ 화양연화 : 삶에서 가장 아름다운 시간.

서설 내리던 날

버스는 충남 아산방조제를 지나 은행나무 길을 달리고 있다. 희끗한 잔설이 먼 산봉우리를 덮고 능선엔 잡목들의 그림자. 눈이 왔구나. 산이 깊어질수록 도로변은 온통 눈길이다. 영인면을 지나 우리는 인주파출소 앞에서 내린다. 언니는 불자이면서도 이곳 공세리성당을 오고 싶어 했다. 자매는 좋은 계절 다 두고 눈발이 흩날리는 날, 낯설지만 아름다운 길 위에 서 있었다.

순하던 눈발은 점점 더 굵어져 함박눈이 펄펄 내린다. 초겨울의 흐린 하늘, 대기는 잔뜩 음울한 분위기다. 마침내 오래된 팽나무가 있는 언덕에 고즈넉하게 자리한 성당의 자태가 드러났다. 인적이 드물어 더욱 신비한 신앙못자리, 천주교 신자가 아니더라도 한 번은 꿈꿀 만한 조용하고 고즈넉한 성당이 눈앞에 전개됐다. 각종 드라마를 통해 눈에 익은 정경이다.

가장 아름다운 성당의 명성은 헛된 것이 아니었다. 일만여 평의 넓은 부지는 조선시대 충청도 일대에서 거두어진 세곡을 저장하던 공세창고지의 역사가 스민 터전이었다. 특히 내포지방은 많은 순교자들이 난 천주교 신앙의 터전인지라 이렇게도 아름다운 성당이 보존 유지되고 있었다.

때마침 아침미사 시간이었다. 미끄러지듯 성전 안으로 들어선다. 성탄을 기다리는 대림주간의 보라색 촛불을 켠 미사 전례는 경건했다. 거룩한 성체를 받쳐 들고 '너희는 모두 이것을 받아먹어라.'하고 거양성체 하는 젊은 사제의 손길은 가늘고 파리하다.

순간 희고 순결한 손길의 그 전례의식을 통해 세상 온갖 죄악도 사함을 받을 것 같은 느낌이 들었다. 아들을 사제로 보내기 위한 그 부모님의 고뇌가 떠올랐고, 이제 갓 서품을 받은 듯한 때 묻지 않은 그 젊은 사제를 통한 세상 구원이 떠올랐다. 그것은 눈 내리는 겨울 아침의 순수 때문이었을까.

성당 내부는 작지만 아담하다. 오래된 시골 성당의 무게가 스민 신자들의 정갈하고 조심스런 몸짓, 스테인드글라스의 색감은 안정된 느낌의 밝은 색채다. 유럽의 화려한 유리 성화의 분위기와는 사뭇 달라도 동양적인 안정감과 은은한 기풍이 성전을 감고 돈다.

공세리 성당 버스 한 대가 흩날리는 눈발 속에 넓은 주차장을 지키고 섰다. 마음의 길은 어디든 열려 있다. 겨울 여행에 나선 노년의 자매는 가고 싶은 곳을 어디든 택할 수가 있으니 이제 불유구에 이른 나이는 뜻대로 행하여도 도리에 어긋남이 없다.

성과 속이 엇갈리는 길, 전주에 도착했을 때는 앞을 가린 굵은 함박눈이 폭설이 되어 시야는 온통 회색빛이었다. 한옥마을로 향하는 택시 기사는 그러나 유쾌하고 친절했다. "축복입니다. 손님들을 반긴다고 이렇게 전주에 오랜만에 폭설이 내리네요." 그 웃음이 참으로 신선하다. 서비스업에 종사하는 이의 말 한마디는 여행객의 마음을 움직인다. 일단 전주의 첫인상은 합격점이다.

자동차는 한옥이 빼곡히 들어선 좁은 돌담길을 천천히 더

듬어 나갔다. 마침내 황토민박 '관송'의 직원이 우산을 들고 나오자 자동차는 안심한 듯 승객을 내리고 떠나갔다. 친절한 택시 기사가 아니었다면 칠백여 채의 한옥이 들어선 낯선 마을에서, 그것도 앞이 보이지 않는 눈발 속에서 어찌 예약한 집을 찾을 수가 있었을지. 고마운 사람이었다.

희고 순박하다. 한옥마을의 아침은 조용하다. 펑펑 내린 간밤의 적설로 창밖은 온통 동화마을이다. 아침 햇살이 토담 구석을 빗살처럼 화사하게 비집고 들어 문고리가 달린 방문을 열어본다. 작은 마당의 정원에 군데군데 눈꽃이 피어났다. 채송화를 닮은 카멜레온도 눈 속에서 재롱을 피우고 있다. 타임머신을 타고 온 우리는 어제 수백 년 전 조선의 반가에서 하룻밤을 묵은 것이다.

천천히 마을길을 걷는다. 처마에서는 눈 녹은 물이 흘러내려 가끔씩 이마를 적신다. 바람은 싸늘하지만 거리는 적당히 말라있고 햇살마저 포근해 겨울 여행을 위한 날씨는 최적이었다. '오목 사랑채'에서 소박한 밥상을 마주한 후 순교자의 땅 전동성당으로 향한다.

태조 이성계가 나라를 세운 땅이라 붙여진 '태조로'를 조금 걸어 경기전을 지나자 우람한 뾰족탑이 선 전동성당이 보인다. 북적이는 여행객들 틈새를 비집고 들어 아침 열시 미사에 참례할 수 있었음은 행운이었다. 신자들은 어디 가나 미사가 우선이다.

여행지도에서 찾은 '최명희 문학관'의 방문 또한 뜻밖의 반가움이었다. 남원의 혼불문학관은 익히 알고 있었지만 이 땅이 그가 나고 자라 학교를 다닌 곳인 줄은 모르고 있었다. 뜻밖의 문학관 참관은 진흙 속의 보석처럼 빛났다.

단체로 답사하는 기행보다는 개인적으로 머문 기행은 작가 최명희를 훨씬 곁에서 느껴본 귀한 시간이었다. 키 높이로 쌓여진 육필 원고와 지인들에게 보낸 작은 엽서 한 장마저도 정겹게 다가온다. 영상화면에서 흐르는 육성에서는 한 줄의 문장을 쓰기 위해 숱하게 고뇌한 작가의 내면이 담겨 있다. 작품 이어쓰기를 위해 준비된 원고지엔 나도 천천히 또박또박 한 장의 자필 원고를 남겼다.

그렇게 한옥마을에서의 사흘이 지났다. 조용한 슬로시티의 그림 같은 설경이 아름다워 떠나고 싶지가 않았다. 뜨듯한 황토 방 아랫목은 노령의 두 자매 발목을 잡기에 충분했다. 생애를 통한 순렛길에서 덤으로 얻어진 시간들이 지친 심신을 치유시키고 있었다.

객지에서의 시간은 더디 흘렀다. 마음도 일으키기 마련이고 여행은 떠나기 위해 있는 것. 겨울 한복판에서 자매는 또 각자의 일상으로 돌아가기 위한 가방을 꾸린다.

생은 알 수 없는 것. 언제 무대 위를 떠나갈 지는 아무도 모른다. 눈 속에서 서로 손을 잡고 정겨웠던 자매의 며칠간. 그러나 이것이 무거운 지병 앞에 선 언니와의 마지막 여행은 아닐 것이다.

안개의 속살을 걷다

부곡의 아침이 밝았다. 소리끼리 부딪어 평화롭고 순결하게 깨어나는 새벽은 죄가 없어 얼마나 가벼운 것인지. 창을 연다. 그러나 어제 그토록 선명한 수채화를 그리던 산봉우리나 온천의 정경은 간 곳 없고 시야는 온통 회색 구름이다. 밤새 안개가 세상을 삼켰다. 그 신령스러움 속에서 나는 문득 김승옥의 '무진기행'을 떠올린다. 작가의 그날도 이렇듯 운무 자욱했을까.

새벽안개의 깊은 숨결 속에 잠겨본 지가 언제였던가. 산은 산대로 나무는 나무대로 부연 대기 속에 갇혀 세상의 풍경이 간 데 없고, 물의 입자는 안개 되어 공기 중에 흐른다. 안개가 짙음은 부근에 강이나 댐, 늪이 존재한다는 이야기다. 부곡하와이 하계세미나장, 글과의 연이 이어진 모지母紙와의 만남. 등단한 지 세월이 한참 흘러 낯선 얼굴과 서먹함의 감성이 오간다.

백중이 지난 여름 끝자락의 안개는 산허리를 넘고 있다. 가득한 운무로 인해 길은 어디에나 있고 어디에도 없다. 자동차는 그래도 달리고 여정에 상기된 문우들의 차 속 대화들은 창가에 스치는 배롱나무 꽃만큼이나 발갛게 무르익어간다. 지상을 온전히 덮은 회색 보자기, 이렇듯 완벽한 베일이 있을 수 있을까. 안개는 사람을 먹고, 풍경을 먹고, 온 마을을 먹고도 트림 한 번 없다. 우포늪으로 향하는 찻길 내내 짙은 안개는 땅을 덮고 산을 삼켜 하늘 길마저 아득하다.

이윽고 조금씩 모습을 드러내는 소읍의 길거리 간판들. '캘리그라피 이야기' '석동반점' '우포승마장', 정겨운 한촌의 고만고만한 간판들이 소싯적의 낡은 앨범을 뒤적이듯 얼굴을 내민다. 보이는 것은 눈앞에 있고 가려진 것들은 보이지 않았다. 내 안에 감춰진 내면의 우물도 때로는 안개에 흐려져 부옇게 가려지곤 했다. 허세, 위장의 이름으로. 안개는 미망이고, 미망은 감춰진 내면의 본모습이다.

'집어라, 들어라, 읽어라.' 성 아우구스티노의 회심을 위해 최초로 들려오던 마음의 소리들이 내 안에 일렁이는 날. 무엇을 집어 읽을 것인가. 더러는 타인에게 읽을거리를 제공한다는 창작의 일 또한 천근의 무게로 다가온다. 창작은 복된 짐이요, 고통을 수반한 산고다. 그 아득한 진통을 이 아침에 또 체험한다. 짙은 안개를 헤치고 우포 가는 길 위에서.

어느새 지상의 아침이 훤히 밝았다. 거짓말처럼 방긋 얼굴 내민 햇살의 세례. 어디로 사라졌는가. 그 가득했던 운무의 향연은. 〈람사르의 마을〉. 버스정류장 이름에도 람사르가 표기돼 있다. 국제습지보호협약이 체결된 이란의 카스피해에 있는 람사르 마을보다 창녕의 람사르 마을은 오히려 눈에 친근하다.

일행을 맞이한 생태해설가의 익살스런 '생태춤'은 나무도 춤추게 한다. 바람에 일렁이는 나뭇가지처럼 양 어깨를 코믹하게 흔드는 그 모습이 자연처럼 친근해, 춤이 수필이 되고 홍이 된다. 숲이 춤추고 습지가 웃는다. 특별한 달란트의 춤꾼, 알고 보니 그는 '우포늪 생태관'의 관장이시다. 직업의식을 온몸으로 표현하는 그가 아름답다.

이마의 땀을 훔치며 전망대에 올라 우포늪의 속살을 바라본다. 망원경으로 조망하기엔 그 규모가 엄청나 사방 끝을 가늠할 수가 없다. 이끼 낀 습지는 초록개구리밥으로 덮인 평원을 이루고 뭍도 아닌, 물도 아닌, 늪은 그저 아득한 원시림이 된다. 산과 늪이 함께 있는 곳 우포늪은 거대한 생태보고서가 되고 있다.

낙동강을 끼고 발달한 국내 최대의 내륙습지 우포늪. 원시적 저층 늪이 그대로 간직된 칠십여 만 평에 이르는 천연 늪에는 희귀 동식물이 서식한다. 가시연꽃, 마름, 자라풀 등의 수많은 수생식물이 자라는 늪 속에는 치열한 생존경쟁과 함께 우리가 알지 못하는 고요가 잠들어 있으리라. 세상살이 아득해지면 태고의 자연이 숨 쉬는 저 늪 속에 잠겨 잠시 신산을 잠재울 수 있을까 하는 상념에 잠겨본다.

자연생태계의 보전지역과 람사르 습지로 등록된 이후 우포늪은 예전보다 훨씬 훼손이 줄어들었다. 사람의 간섭이 줄어들자 자연히 생물과 야생조류들이 많이 모여들게 됐다. 고니, 가창오리, 굴뚝새, 해오라기 등 철새들이 낙원을 이루는데, 특히 70년대 이후 보기 드문 따오기의 복원사업은 한국인의 토템신앙과 함께 사람과 자연이 공생할 수 있는 환경을 조성함에 일조할 수 있을 것이다. 우포늪에선 사람도 그대로 자연이 된다.

전국에서 모여든 '수필과비평'의 문우들이 이제 헤어져야 할 시간, 일상의 비루함 속으로 다시 돌아간다 해도 부곡에서의 행사는 새벽안개의 기억이 오래도록 함께할 것이다. 매년 열리는 행사인데도 해마다 얼굴들이 달라져 서먹함을 동반하지만 그러나 등단의 길을 함께 했다는 그 일만으로도 석별의 정을 함께 나눈다. 짙은 안개의 추억과 함께한 부곡에서의 행사는 습지의 기억보다는 안개의 이름이 훨씬 우위에서 기억된다.

산다는 것 또한 그런 일이다. 때로는 가까운 사이도 사원의 나무들처럼 조금씩 떨어져 있어야 하듯, 안개도 시간 지나면 사라져 간다. 영원을 향한 인간의 여정 또한 사라짐의 길 위에 있다. 기억에서조차 지워진 모든 사라져 간 것들은 지금 어디에 가 있을까. 지독한 안개 속에서 마음의 안뜰을 바라본 시간, 부곡 여행이 준 열매였다.

인물

소리꾼 장사익

다시 또 새로운 한 해를 맞았다. 절기대로 돌고 도는 시간의 이력에 새로운 감흥이 있을까만 피안 저 너머에서 본다면 혹여 산다는 일이 꿈은 아닐까를 생각할 때가 있다. 조선말기 스님 학명선사께서도 '꿈속에 사네.'라는 선시를 남겼다.

'묵은해니 새해니 구별할 것 없네. 겨울가고 봄 오니 해 바뀐 듯하지만, 여보게 저 하늘이 달라졌는가. 우리가 어리석어 꿈속에 사네. 우리가 어리석어 꿈속에 사네.'

이 가사에다 곡을 붙여 장사익이 걸쭉한 목소리로 버물려 노래가 됐다.

사람들은 그를 소리꾼이라 부른다. 가객이니 가수니 하는 호칭보다는 그 이름 앞에는 '소리꾼'이란 수식어가 더 잘 어울린다. 흰 두루마기에 사뿐사뿐 몸을 들썩이며 혼을 불사르듯 열창하는 표정은 굵은 주름마저도 농익은 아름다움이다. 마흔다섯 늦은 데뷔에 십오 년째 공연대박… 사람들은 왜 열광하는 걸까.

느닷없이 가슴을 치는 목소리. 그 창법에는 어떤 틀도 규칙도 없다. 오히려 그 얽매이지 않은 자유혼이 우리 마음 안의 막혔던 통로를 뚫고 들어가 땀과 한의 정수리에 꽂히는 것이다. 가식 없는 한 소리꾼의 절절한 외침이 사람의 마음을 파고들 뿐이다.

말이 없어도 많은 말을 걸어오는 얼굴이 있고, 웃지 않는데도 보는 이를 웃게 하는 얼굴이 있다. 그는 주변에서 흔히 볼 수 있는 우리 아버지들의 친근한 얼굴이다. 처음보고도 단박에 끌리게 되는 웃음과 몸짓에는 이 땅의 순한 아버지들이 걸어온 애환의 흔적이 묻어있다. 특별한 일을 하는 데는 평범한 사람이 필요하듯, 그 평범한 외모에서 우러나는 절창으로 인해 그가 더 특별하게 보이는 것은 아닐까.

그날 그는 꽉 찬 무대 조명 아래서 오른손을 들어 천천히 박자를 맞추며 〈희망가〉를 부르고 있었다. '이 풍진 세상을 만났으니~ ' 점점 더 고조되는 소리를 끌어올리느라 검붉어진 얼굴에 자애로운 눈길, 반백 수염에 끊어질듯 이어지는 장탄가. 전혀 새로울 것 없는 그 노래에서 영혼 저 너머에 숨겨둔 어떤 비애의 색깔마저도 묻어나고 있었다.

어떤 목청에서 울려나왔건 목소리는 본질상 당사자를 떠나 상대인 '너'를 향해 달려가는 것이기에 뛰어난 목소리는 말하는 사람이 아닌 듣는 사람을 위한 선물이 된다. 그런 의미에서 장사익의 목소리는 응어리진 가슴속 한을 대신 풀어주는 이 시대 최고의 가객이요 소리꾼이다.

오르페우스가 노래하면 신들이 넋을 잃고, 세이렌의 노래소리에 홀려 선원들이 바다에 빠져 죽었다는 이야기가 있지 않은가. 아직도 엘비스 프레슬리의 무덤에 꽃을 바치는 사람들이 많은 걸 보면 빼어난 목소리는 매력을 넘어 마력을 지녔는가 보다. 공연장을 가득 채우고 열광하는 청중의 호응이 그 마력을 말해준다.

충남 광천에서 태어난 그는 상고와 야간대학 졸업 후 무려 열다섯 군데 직장에 몸담았으나 마지막으로 일하게 된 곳이 보험회사를 거쳐 카센터였다. 어느 날 삼년을 일하던 그곳에서 문득 지난날을 돌이켜봤다. 지금까지 열심히 산다고 했는데 과연 최선을 다했는가? 답은 아니었다. 그래서 남은 인생은 좋아하는 일을 하자며 내린 결론이 태평소란 악기였다.

어릴 적 고향 농악대에서 장구를 쳤던 아버지. 그 노래의 신명과 해학의 가락은 이런 아버지의 DNA에서 연유한 것이 아닐까. 사물놀이와 소리판 공연에서 새납(태평소의 사투리)을 불면서 자질을 인정받게 된 그는 마침내 제 길을 걷게 된 것이다. 직장을 여러 곳 전전하며 살았던 이십여 년의 역경이 거름이 되어 그의 노래를 깊고 넓게 해준 가락이 된 것이다.

어느 날 문득 그의 노래를 듣다가 운 적이 있다. 김형경의 시 「따뜻한 봄날」에다 '꽃구경'이란 제목으로 곡을 붙인 노래였다.

> '어머니 꽃구경가요. 내 등에 업히어 꽃구경가요.
>
> 산자락에 휘감겨 숲길이 짙어지자, 아이구머니나 어머니는 그만 말을 잃었네. 한웅큼 솔잎을 따서 가는 길바닥에 뿌리며 가네.
>
> 어머니 지금 뭐하시나요. 꽃구경은 안하시고 뭐하시나요.
>
> 아들아 내 아들아, 너 혼자 돌아갈 길 걱정이구나. 산길 잃고 헤맬까 걱정이구나.

모든 어머니의 마음은 이런 것이 아닐까. 자신을 버리고 돌아갈 자식의 살아갈 길을 오히려 걱정하는 부모님의 마음. 모든 예술의 근원은 자신의 거울에 반영될 때 감흥을 불러오고 마음속 깊은 세계의 바닥을 바라보게도 한다.

그는 요즘 인왕산 자락 창 넓은 집에서 산다. 누가 내다버린, 낡아서 반들반들한 오동나무 마룻장으로 만든 앉은뱅이 탁자에 양반다리하고 앉아 사계절 변화하는 산을 마주한다. 해 뜨고 지는 게 제일 먼저 보여 방 이름도 '하늘 가득 헌軒'이다. 산천의 거실에서 그는 기형도의 시를 읽고 곡을 붙이기도 한다. 이곳이 노래하는 음유시인의 창작터이자 연습실인 것이다.

최근에 그는 외교관과 외국 기업인 수백 명을 초청하는 특별공연을 가졌다. 데뷔 전에 앙드레김의 단골 세차장 사무직원으로 일하면서 알게 된 그 인연으로 해서 매번 공연 객석의 맨 앞자리를 채워준 외교사절들과의 친분이 맺어준 연유에서였다.

틈날 때마다 그는 대사들을 집에 초대해 집에서 담근 김치를 상에 올리고 된장과 청국장을 대접하며 우정을 다져왔다.

'생전 듣지도 보지도 못했던 넘들 안하는 찌꺼럭지를 하는 게 그렇게 재밌나 봐유. 국경이 갈라지고 이념이 달라도 한국 와서 살면 이웃이고 가족이쥬.' 그가 입을 열자 서해안 짠내 가득한 충남사투리가 구수하게 쏟아졌다. 노래만이 아니라 인심 또한 걸쭉한 그가 민간외교관이다.

하늘은 사람을 내보낼 때 무언가 하나를 줘서 내보낸다고 했다. 남도 짙은 사투리에 육자배기 닮은 회한의 삶을 쏟아내는 걸출한 소리꾼을 보내준 것은 아무래도 이 땅에서 만날 수 있는 흔치않은 행운인 듯하다.

아름다움 그 이상의 아름다움

한 장의 사진을 바라본다. 맑고 커다란 매혹적인 눈, 오똑한 콧날, 앞머리를 이마에 가지런히 내린 헤어스타일, 약간 웃고 있는 듯한 그녀의 표정이 마음속 깊은 연못에 머무른다. 신비로운 눈동자는 무엇을 응시하고 있을까. 20세기 가장 아름다운 여인 오드리 헵번은 이제 오래도록 전설이 되었다.

뒷산을 향해 열린 창문 너머로 매미가 목청껏 울어댄다. 절정을 치닫는 팔월 무더위가 기승을 부리던 날, 오드리 헵번 전시회를 찾았다. 염서가 무르익을수록 아름다움에 대한 갈증 또한 더욱 절박했음일까. 해운대 영화의 전당 미술관에서 그녀와 만난 두 시간 동안은 지상의 어떤 시간보다 행복했고, 또한 삶의 진정한 아름다움을 만나본 순간이었다.

네델란드의 유복한 귀족 가문에서 태어난 헵번의 어릴 적 꿈은 발레리나였다. 영화 속에서 우아한 곡선미를 자랑하는 그녀의 몸짓 하나하나는 유년의 꿈과 닿아있었다. 음악과 연극을 하며 예인의 길을 걷던 그녀의 부모는 딸을 세기적인 발레리나로 키우기 위해 헌신적인 뒷바라지를 했으나 이차대전으로 피폐해진 가정은 미래에 대한 희망을 모두 접게 했다.

'안네의 일기'의 안네 프랑크와 동갑이었던 헵번은 전시 상황 안네의 심경을 누구보다 공감하며 어떤 죄책감에 사로잡히기도 했다. 히틀러의 자살과 함께 종전을 맞아 독일로부터 조국은 해방이 되었으나 전후의 헵번은 유니세프의 구호식품으로 연명하게 되고 이 일로 그녀는 후일 유니세프의 친선대사로 활동하며 그 은혜를 갚게 된다.

헵번에게 그림 실력이 있었다는 건 또 다른 발견이었다. 부모님의 모습과 유년의 일상들, 발레 동작의 스케치 등 수십 커트가 진열된 그림 액자들은 화려했던 스타의 모습이 아니라 성공한 화가의 초기작품들을 보는 듯해 미완성이지만 그녀의 예술적 감각과 미술에 대한 열정을 엿볼 수 있는 부분이

기도 했다.

선천적인 미모를 타고난 헵번은 생계를 위해 모델, 광고 일을 했으니 발레리나를 꿈꿨던 한 소녀는 세기적인 여배우로 태어나게 된다. 〈사브리나〉 〈로마의 휴일〉 〈티파니에서 아침을〉 등 수많은 영화에 출연하여 스타의 명성을 얻던 중 배우 겸 감독이었던 멜 화라와의 사랑이 결혼으로 이어진다. 그녀 나이 스물다섯 때였다.

〈로마의 휴일〉 촬영 당시의 일화 한 토막은 운명을 생각하게 한다. 궁중의 공주로 분한 헵번에게 한 소년이 다가와 악수를 청한다. 열네 살의 도티였다. 대여배우와 악수를 마친 소년은 곁에 있던 부모에게 공언한다. 후일 이 여인과 결혼할 것이라고.

어린 왕자 같은 이 단정한 미소년이 자신의 집 앞에 서 있는 당시 사진이 에피소드와 함께 걸려 있었다.

멜과 함께 출연한 〈전쟁과 평화〉 역시 흥행에 성공했으나 두 번의 유산을 경험한 그녀로선 흥행 소식에도 기뻐할 수 없었다. 가는 허리와 큰 눈, 완벽한 곡선미, 아름다운 머릿결 등은 단 한 장의 사진도 평범을 거부하는 완벽한 자연 미인이었으나 그녀는 자신을 그저 말라깽이 여배우로만 생각하기도 했다.

엄청난 흥행을 몰고 온 영화 〈파계〉. 수녀로 분한 그녀 모습은 신비롭고 청순했다. 이 영화를 통해 수많은 아이들과 사람들의 생명을 구한 유엔 국제난민기구에 경의를 표하게 된다.

수십 년이 지난 지금도 첨단의 감각을 걷는 헵번의 영화 의상은 거의가 지방시의 작품이었다. 영화 촬영지에서는 출연 의상을 논의하는 헵번과 지방시의 모습이 자주 눈에 띄었고 오래도록 둘은 좋은 친구로 지내게 된다.

세기의 이목을 집중시킨 스타의 결혼 생활이 종신토록 이어 지지 못함은 왜일까. 서로가 너무 바쁘다는 이유도 그 원인이 있다면 헵번의 결혼 또한 그랬다. 멜과는 아들 하나를 얻은 후 13년 만에 이혼의 아픔을 맞게 된다.

재혼한 남편은 '안드레아 도티'였다. 14세 때 헵번과 악수하고 그녀와 결혼하겠다고 맹세했던 소년이었다. 로마대학 부교수요 정신과 의사였던 도티는 헌신적이고 좋은 남편이었다. 항상 상대를 배려하고 칭찬해주는 성격의 그녀는 첫아들 션과 함께 도티와의 사이에서 난 둘째아들 루카를 끔찍이도 위하고 양육했다. 이번의 헵번 전시회는 둘째아들 루카가 어머니의 사진과 자료들을 제공해 기획한 전 세계 순회전시의 행사 일환이었다.

일세를 풍미한 한 여배우의 생애. 헵번의 아름다운 주름을 생전의 화면 속에서 만난다. 그녀의 삶을 빛낸 것은 미모만이 아니라 고귀한 정신이었다. 유니세프 친선대사로 소말리아, 에티오피아, 터키, 남아메리카, 수단, 방글라데시 등 전 세계를 돌며 소외된 어린이들을 돌보던 손길이 아름다움 그 이상의 아름다움으로 남았다.

60세의 오드리 헵번. 마지막 출연작은 S.스필버그 감독의 〈얼 웨이즈〉였는데 물론 출연료 전액을 유니세프에 기부한다.

숨지기에는 너무 아까웠던 나이 63세. 황혼의 사랑은 유니세프 활동을 함께 한 로버트 월더스였다. 그는 '인기는 강렬한 쾌락'이라 말하기도 했다. 삶의 가치관이 대중적인 인기보다는 더 높은 그 무엇에 있다는 것을 헵번도 터득한 후일 터였다.

사람의 얼굴은 자신이 생각하는 얼굴과, 거울에 비친 얼굴, 그리고 남이 보아주는 얼굴이 있다고 한다. 그 세 가지가 모두 아름다웠던 여인 오드리 헵번. 한 명의 여배우 이전에 여성, 어머니, 인간으로서 살다 간 그녀의 숭고한 생애 앞에서 잠시 발걸음이 멎는다.

쉽게 전시장 출구로 향할 수 없는 이 마음의 여운은 무엇인가. 아름다움과 선한 의지로 사후에 더욱 거룩한 아름다움을 발산하는 한 여인. 그녀는 사람에게 삶의 길이 어떠해야 하는지를 보여주었다. 바깥세상은 여전히 팔월의 따가운 햇살이 지열을 달구고 있었고 사람들은 그저 생애 한가운데를 무심히 걸어가고 있었다.

그립습니다

그립습니다. 라대곤 회장님.

무망중에 회장님의 부음을 접하고는 문득 박완서 님이 생전에 하신 '내 식의 귀향'이 떠올랐습니다.

'아무의 환영두 받지 않고
초라하지도 유난스럽지도 않게
표표히 동구 밖을 들어서고 싶다.
계절은 어느 계절이어도 상관없지만
때는 일몰 무렵이었으면 참 좋겠다.
내 주름살의 깊은 골짜기로

신산함 대신 우수가 흐르고
달라지고 퇴락한 사물들을 잔인하게 드러내던
광채가 사라지면서 사물들과 부드럽게 화해하는 시간
나도 내 인생의 허무와 다소곳이 화해하고 싶다.'

회장님이 떠나시던 날은 꿈결 같던 하얀 벚꽃이 소리 없이 지던 날이었습니다. 이제 박완서 님의 말처럼 고향 주막에서 인생의 허무와 다소곳이 화해하셨는지요. 신산함도 우수도 없이 조용히 들어서신 동구 밖에서 소리 없이 웃고 계시나요.

저는 지금 한 장의 사진을 보고 있습니다. 그때도 사월이었으니 아마 이맘때쯤이었습니다. 사진 속에서 회장님은 특유의 활기 넘치는 모습으로 마이크를 들고 계십니다. 저의 첫 수필집 『홀로 우는 바람소리』의 출판기념회에서 축사를 해주고 계시네요. 남아다운 기백과 호쾌함이 표정에 묻어있습니다. 그때가 2003년도였으니 십여 년의 세월을 훌쩍 넘어왔네요.

'수비' 출신이 부산에서 첫 출판기념회를 하니 굳이 축하할 일이라시며 먼 길 오셔서 자리를 빛내주셨습니다. 얼마나 고맙고 송구스러웠던지요. 검은 정장 회색 와이셔츠에 자주색 넥타이를 매신 쾌남 한 분이 웃고 계십니다. 꼭 십 년 전이었으니 소나무처럼 청청하신 모습입니다.

저희는 그날 L호텔에다 숙소를 마련해뒀으나 경황 중에 살펴보니 회장님은 이미 떠나고 계시지 않았습니다. 야심한 시각에 군산까지 달려가 버리심이 어찌나 서운했던지 이튿날 전화를 드렸지요. 소탈하게 웃으시며 "손님은 빨리 떠나야 신경이 안 쓰이지" 하시길래 다음에 군산에 한 번 찾아가 인사드리겠다고 한 말이 차일피일 빈말이 되고 말았습니다. 가신 후 더욱 마음 착잡한 것은 이 '빈말' 때문입니다. 인디언의 4월은 '생의 기쁨을 느끼게 하는 달'이라고 했으나 올 사월은 제게 그 반대가 되었습니다.

늦깎이 등단을 한 제가 '수비'와 인연을 맺은 것은 변산반도에서의 시상식을 통해서였습니다. 그 여름날 식장에 늦게 도착한 저희를 나무라지 않으시고 오히려 저녁식사 자리까지 마련해 주셨지요. 그날 처음 본 회장님은 애주가에다 오사바사하지 않은 남성미와 활력이 넘치는 모습이었습니다. 처음 본 사람과는 서름하여 너울가지가 없는 제게도 전혀 낯선 사람으로 비치지 않을 만큼.

이후로 회장님은 문학 세미나에서 가끔씩 멀리서 뵐 때마다 영락없이 제 마음 속 그린비가 되셨습니다. 언제나 든든한 한 그루 고목나무처럼.

4년 전 전북 김제에서 있었던 어떤 문학행사였던가요. 금산사의 오후에 뵌 회장님은 몰라볼 정도로 수척하셨습니다. 그제야 투병 중이신걸 알고는 마음이 무거웠습니다. 먼 곳에 계셔도 존재 그 자체로 든든한 거목이요 큰 그늘을 드리워주셨기에 이별 같은 건 미처 생각지도 않았는데….

문인에게 글이란 무엇입니까. 그것은 허한 가슴을 채우는 한 그릇의 밥이 아닌가요. 저희가 회장님을 존경하는 이유는 수많은 후학들에게 그 밥을 제공해 주셨기 때문입니다. 누구도 배고프지 않게, 굶는 일도 없이 넉넉한 밥그릇을 마련해 주셨기에….

제 글은 제 딴엔 공들여 지은 농사라 해도 거의가 태작駄作이요 졸작이 분명한데도 회장님은 멀리서도 항상 힘을 주는 격려의 말을 아끼지 않으셨습니다. 혹여 상처받거나 그늘진 사람은 없을까 언제나 살피시던 그 사랑, 어디서 이제 그 따뜻하고 듬직한 음성 들어보나요.

이제 회장님은 떠나셨지만 그 손은 우리에게로 뻗어 있을 것입니다. 그리고 저 높은 곳에서 한 송이 꽃을 피워 저희에게 전하고 있을 것입니다. 시간이 흘린 눈물의 꽃을 저희에게 주십시오. 쉬 시들지도 않고 향기마저 깊고 은은한 우담바라와도 같은 꽃을.

또 다시 생의 아침이 밝았습니다. 저는 밤새 식구들이 사용했던 컵을 주섬주섬 챙기곤 식탁 앞에서 아침식사를 준비합니다. 새날이 열릴 때의 일상적인 모습입니다만 그러나 회장님.

이 세상에서 저 세상 지나가는 것이 우리네 삶이라면 누군들 과인過人이 아니겠습니까. 해 지고 날 저물면 모두가 건너갈 것입니다. 지나가는 바람이, 강물이 우리를 그쪽 세상에 옮겨놓는 날, 회장님은 분명 저희를 환한 모습으로 반겨주실 것입니다. 다시 뵈올 그때까지 낙원에서 편히 잠드소서.

풀꽃 안개

그의 시는 길지 않다. 길다기보다는 아주 짧다. 그러나 적게 말함으로써 가장 많이 말한 시인, 그가 나태주 시인이다. '흐려진 얼굴, 잊혀진 생각, 그러나 가슴 아프다.' 라는 시를 읽을 때 「안개」라는 제목의 언어를 이보다 짧으면서도 절묘하게 표현할 수는 없을 듯했다. 시가 꽃이 되고 향기가 되고 마음이 되기란 쉬운 일이 아니다.

대표작이 된 「풀꽃」은 단 석 줄로 사람의 마음을 사로잡는다. '자세히 보아야 예쁘다. 오래 보아야 사랑스럽다. 너도 그렇다.' 마지막 한 줄로 전체 주제를 압축하는 일은 더욱 어려운 일이다. 너무 자세히 보지 않고 오래 보지 않는 현대인의 맹점을 짧은 시에 담았기에 공감대 형성과 함께 마음에 오래 머문다.

그러나 그도 처음부터 짧은 시를 쓴 것은 아니었다. 초창기에는 길고 까다로운 시를 썼다고 한다. 실연당한 여인에 대한 시를 장황하게 썼다고도 했다. 슬픔, 외로움, 의기소침, 이런 시를 이십 여 년 썼으나 먹혀들지 않았다. 그래서 그 후로 간단하고 쉬운 시를 썼다. 고승들의 선시, 일본의 하이쿠 등을 읽으며 느낀 깨달음이 있었고 그래서 얻은 시가 「풀꽃」이었다. 「풀꽃」 이후로 비로소 시인이 되었다.

그의 어릴 때 소원은 세 가지였다. 시 쓰는 사람, 공주에 사는 것, 이쁜 여자와 결혼하는 것. 이 소박한 희망은 그대로 이루어졌다. 지금은 그의 시 「행복」처럼 저녁때 돌아갈 집이 있고, 힘들 때 마음속으로 생각할 사람이 있고, 외로울 때 혼자서 부를 노래도 있게 됐다. 짧지만 아름다운 시는 이렇듯 거창하지 않은 꿈에서 나온 것일 터였다.

야생화가 흐드러진 봄날 통도사 서운암에 나태주 시인이 왔다. 고향으로 향하는 길은 언제나 설레는 길, 통도사를 향해 아침 일찍부터 서둘렀다. 꽃, 바람, 인파가 강물처럼 일렁이는 암자는 이미 축제 분위기. 작은 것 하나도 가볍게 지나치지 않는 시인의 모습은 따스하고 편안했다. 상처받은 이들의 상흔을 어루만져주는 그의 시어들처럼.

굴참나무 아래 잔디 그늘에 다리를 뻗고 앉았다. 낯익은 문우들이 듬성듬성 자리를 잡았다. 시인의 음성을 그리는 메모지 위로 애기단풍나무 이파리가 햇빛에 반사돼 일렁였다. 문득 잔잔한 행복이 아지랑이처럼 피어올랐다. 세상은 온통 연두빛이었다. 목청이 낮은 시인의 음성이 마이크를 통해 산천에 울려 퍼졌다.

서른다섯 권의 시집을 낸 시인의 모습은 그저 아담한 키에 평범한 이웃아저씨일 뿐이다. 우리가 흔히 만나는 세탁소나 편의점 주인아저씨? 안경에다 약간 발음이 새는 말소리, 그러나 이는 다만 외형적인 겉모습이다. 시는 영혼에서 나오고 그 영혼은 항시 작은 것에 대한 아름다움을 향해 열려있다.

'시는 백 사람한테 한 번 읽히는 게 아니라, 한 사람한테 백 번 읽혀야 한다. 금쪽같은 문장으로 시를 써라. 오늘날 시인이 참 많은데 어려운 말, 무슨 말인지도 모르는 말, 알쏭달쏭한 말장난, 그게 시라면 시가 뭐가 필요하냐.' 그랬다. 너무 형이상학적이거나 생활하고 동떨어진 시는 이미 대중을 떠나있는 말잔치일 뿐이다.

'요즘 사는 일이 어렵다는데 위안을 주는 게 시이지 뭐가 시인가. 시인들 반성해야 한다. 세상에서 가장 아름다운 말은 마더, 스마일, 피스, 이 세 마디이다. 내 마음속 샘물을 길어서 다른 이에게 나눠주라. 하늘 아래 내가 받은 가장 큰 선물은 오늘, 오늘 내가 받은 가장 큰 선물인 당신. 오늘 제 강의가 여러분에게 선물이 됐으면 합니다.' 어렵지 않은 그의 언어들은 공감대와 함께 마음에 들어왔다.

산들바람 일렁이는 봄 산그늘에서 듣는 시인의 음성과 함께 오월이 흐른다. 그의 짧은 시에 함축된 따뜻함의 위로가 지친 길손들에게 한 모금 감로수가 되기를 바라는 마음으로 천천히 산길을 걷는다. 인생의 강물이 꽃길 되어 흘러내렸다. 서운암 풀꽃들도 먼 길 온 시인의 방문을 반기고 있었다.

시인은 내게 소유물이 아니니 '소장품'은 아니다. 그러나 이렇듯 정신의 유산이 되는 좋은 시인들을 가슴에 품고 사는 한 '나의 소장품'은 고귀한 정신적 유산되어 영혼을 살찌게 한다. 이보다 귀한 소장품이 어디 있으랴.

풍경 달다

시인은 그림처럼 앉아있다. 등받이 의자, 딱딱한 사각 의자에 앉아 연단도 없이 두 손을 무릎 위에 얹고 단정한 자세로 대기한다. 짧은 머리, 검정 뿔테안경, 다문 입술에 야무진 몸매다. 이윽고 강의가 시작된다.

경상도 억양. '오늘은 부산 하늘에 구름이 없었습니다. 그래서 좀 심심했습니다.' 하고 운을 뗀다. 구름 없는 하늘이 심심하다? 나는 한 번도 구름이 없는 하늘을 심심하다고 생각해 본 적이 없다. 시인다운 발상이다.

〈정호승의 시와 산문의 경계〉. 모니터에는 이런 글자가 떠 있다. '울지 마라. 외로우니까 사람이다.' 정 시인의 시에는 산문의 냄새가 짙게 난다. 그래서 더 좋아하게 됐는지도 모르겠다만. 시가 난해하면 시인가. 읽는 이의 가슴에 다가와 감동과 울림을 주면 그게 좋은 시인 게지.

등단 42년째 시의 바닷가에 살고 있는 사람. 노력하는 일만이 시를 쓸 수 있는 최선의 방법인데 시를 쓰다보면 가끔씩 산문을 쓰고 있다는 느낌이 든다고 한다. 어떤 게 시고 어떤 게 산문인지를 스스로에게 자문하면서. 시가 무어냐고 물으면 대답은 할 수 없지만 시를 가슴에 품고 살아갈 수는 있다는 지극히 평범한 논리다.

어둠속에 빛이 없느냐? 삶 속에 죽음이 없느냐? 다 있다. 그것을 찾는 것이 시다. 성철 스님 다비식 때 그 불빛이 너무 아름답다고 느꼈다. 여기서 솔가지가 타기 전까지는 산문의 영역이고, 타는 불꽃은 시의 영역이라 얘기했을 때 나는 고개를 끄덕였다.

다비의 불길은 인간의 시신이 타는 것, 그런데 그 불길이 왜 그리 아름다웠을까. 그럼에도 시와 산문의 영역은 아직도 모호하다. 시는 은유이기 때문에 제목이 중요한데 그것은 산문의 경우에도 마찬가지일 것이다. 생전의 정채봉 시인과 막역한 사이였지만 이제 만날 수 없기에 만날 수 있는 부모님을 자주 만난다는 시인의 눈매에 아득한 그리움이 고인다.

시 한 편을 삼, 사십 번은 고쳐 쓴다는 말은 놀라움이다. 활자의 힘, 읽다가도 고치고 지우고 또 고치고… 일물일어의 한 가지 단어를 구사하기 위해 밤을 꼬박 새우는 고뇌는 문학의 어느 영역이나 동일하다. 강의를 듣는 가을날의 창가에는 낙엽이 떨어지고 있다. 바람에 살랑이는 붉은 이파리를 한동안 내다보는데 시인의 고운 시가 노랫말이 되어 흐르고 있다. 안치환이 부른 '어머니를 위한 자장가'다.

산문 속에는 시의 힘이 있다. 어둠과 빛도 하나, 시인은 어둠속에 있는 빛을 발견할 수 있어야 하고 산문과 운문은 그래서 한 몸이라고 말한다. 인생에 정답이 없는 것처럼 시도 마찬가지. 다만 시는 역설과 반어를 적절히 구사하는 은유적인 것이지만 같은 내용이라도 산문은 풀어 쓰는데 그 차이가 있을 것이다.

시인의 인생 스승은 운주사 석불이라고도 말한다. 누군가에게 엎드려 절한다는 것은 자아를 찾을 수 있는 기회이므로 세상을 떠나버린 그리운 이를 대신해 운주사 석불들을 찾아 뵙고 나붓 절을 올린다.

운주사 와불 님을 뵙고 돌아오는 길에
그대 가슴의 처마 끝에 풍경을 달고 돌아왔다.
먼 데서 바람 불어와 풍경소리 들리면
보고 싶은 내 마음이 찾아간 줄 알아라.

-「풍경 달다」

나는 이 시를 좋아해서 수첩에 적어 다른 이에게도 나눈 적이 있다. 그런데 윗줄 두 연을 빼고 셋째 연부터 간단하게 적어 다닌 우를 범한 것이다. 사실 중요한 건 '그대 가슴의 처마 끝에 풍경을 달고' 인데.

풍경과 바람이 하나, 사랑의 관계다. 사랑하는 존재의 가슴, 나는 내 인생에 누군가의 풍경이 되어주고 있는가.

배경에 대해 생각한다. 한 장의 잘된 사진은 그것의 배경이 좋았을 때다. 빈 들판에 사람만 서 있는 것을 좋은 사진이라고 할 수 없듯이 아름다운 자연이나 풍광을 배경 삼아 있을 때 사진의 다른 뜻을 살펴볼 수가 있다. 소나무 사진에서 그 나무를 받치고 있는 숲이나 산을 생각하듯이.

시인은 참 온갖 데를 다 살피고 다니는구나. 선암사 해우소 시 한 편을 쓰기 위해 뒷간의 아랫부분 분뇨가 떨어지는 바닥까지 내려가서 들여다보고 사진을 찍었다. 시인은 어떤 심경으로 해우소의 밑바닥을 찍고 있었을까. 자신이 찍은 해우소의 이면이 또 강의 자료가 되고 있다.

> '눈물이 나면 기차를 타고 선암사로 가라.
>
> '해우소 앞에 쭈그리고 앉아 마음속으로 깊게 울었다.'
>
> -「선암사 가는 길」

눈물의 시인 정호승. 그가 잘 울기 때문이 아니라 가슴 깊은 곳에서 절절이 흐르는 눈물의 원천이 시의 강을 엮어내고 있어서다. 기도가 인간에게 주어진 최후의 자기 자신이라면, 눈물은 한과 정감을 씻어주는 정화제요 감정의 분출구이기 때문이다.

시도, 산문도 나날이 새로워져야한다. 어떻게 새로움을 찾을 것인가. 그 원동력은 사물을 보는 시각이다. 나름대로 어떤 시각을 가지느냐가 중요한 일이다. 시인은 많지만 시가 읽혀지지 않는 이 시대에 어떤 사명감으로 글을 써야 할지가 숙제로 남았다. 강의록을 보지 않고 한 시간 반을 강의하는 시인을 만나고 돌아오는 날, 만추의 낙엽이 스산하게 바람에 흩날렸다. 가슴속에서도 우수수 감성의 낙엽들이 떨어지고 있었다.

포은圃隱의 그림자

가을이 지고 있었다. 포도를 스치는 노란 은행잎들이 차창 너머로 한 잎 두 잎 천천히 날리는 모습이 마치 지는 가을을 아쉬워하는 듯 했다. 문학기행이라기엔 고즈넉한 느낌의 서원書院기행에 동참한 것은 참 다행이었다. 떠들썩한 여느 기행의 일정보다 더한 무게감이 느껴진 것은 영천 땅에 발을 딛고 나서였다

사실은 모르고 있었다. 경북 영천이 포은 정몽주와 노계 박인로를 낳은 뿌리 깊은 예도禮度의 고향이었다는 사실을. 단지 포은은 고려 말의 충신으로, 노계는 조선조의 문신으로만 알고 있었던 내게 영천의 기행은 역사에 대한 내 무지의 구름

을 걷히게 한 소중한 걸음이었다.

보현산 아래 이수삼산二水三山의 청정한 고장으로 이름난 영천은 산 좋고 물이 좋은 데다 청동기문화에서부터 근현대에 이르기까지 다양하고 의미 있는 유적이 많이 보존돼 있다. 선현들의 문화 유적 또한 풍부해 사가정 서거정 선생이 영천을 '경상도에서 가장 아름다운 군'이라 칭한 뜻을 알 만도 했다.

정몽주를 배향하는 임고서원은 선생께서 태어나 자란 임고면 우항리에 자리하고 있었는데 입구에는 수령 오백 년의 노란 은행나무가 역사의 묵은 흔적을 증언하는 양 우람한 자태로 섰다. 여기서 청도 운문사의 '처진 소나무'를 연상한 것은 우연이었을까. 세월의 무게를 땅에까지 늘어뜨린 소나무에서 겸손한 선비의 기품을 느꼈듯이, 수백 년의 은행나무 앞에서는 범접할 수 없는 어떤 고고함이 전해져 왔다. 서원을 지키는 한 그루 나무에서도 정몽주의 충절 혼이 서렸음일까.

서원의 숭모비에는 고려 왕조에 대한 충성심을 읊은 '단심가'가 새겨졌고, 자당 영천이씨 부인이 지은 '백로가' 또한 나란히 음각돼 있다. 혼자 멀찍이서 배흘림기둥에 서 본다. 배낭 멘 등을 비스듬히 기대고 정몽주 선생이 후진을 양성하던 계단 위 서원 마루를 아득히 바라본다. 금박 초립동의 낭랑한

글 읽는 소리가 들려오는 듯하다. 사람은 가고 없어도 학문의 향기는 시대를 초월해 넘나든다.

선생은 스물넷에 장원급제, 이후 태종에게서 문충文忠이라는 시호를 받았다. 그의 유훈은 효행과 충절이다. 19세에 아버님 운관이 별세, 십 년 뒤인 29세에 어머니의 상을 당했다. 이때마다 선생은 부모의 묘소에 여막을 짓고는 삼년 동안 효성을 다했다. 이러한 삼년상의 실천은 다만 백일로 치르는 것이 통례였던 고려 풍습에서는 지극한 효성이 아니고는 행할 수 없는 일이었으니 우리나라에 처음으로 삼년상이라는 상례의 표준을 세운 것이다. 이에 조정에서 그 뜻을 기려 마을에 효자리孝子里라는 비를 내렸다.

56세에 선죽교에서 이방원에게 죽임을 당할 때까지 그는 고매한 인품과 국익을 위해서는 목숨을 초개처럼 여긴 진정한 선비요 충신이었다. 살얼음의 역사를 살다 간 포은의 방에서 비로소 한 가지 깨달음을 접한다. 죽어도 사는 사람 정몽주. '죽어 천년을 살리라'던 안중근의 정신처럼 오늘도 현대인의 비루한 일상 속으로 들어와 혼을 일깨우고 맑은 정신을 비춰주고 있는 것이다.

포은보다 이백여 년 후에 태어난 노계 박인로의 도계서원으로 향하는 길, 짧은 초겨울 해가 걸음을 재촉한다. 그는 도학과 조국애, 자연애를 바탕으로 많은 가사와 시조를 남겨 국문학사에서 송강 정철, 고산 윤선도와 더불어 조선시대 3대 문인으로 인정받고 있다. 몰랐던 것은 그가 무인으로 조국에 공헌했음이다.

임진왜란 시 정세아의 휘하에서 별시위로 전공을 세우고 선조 31년에 무과에 등과, 좌절도사 성윤문의 막하에 수군으로 종군하며 많은 공을 세웠으니 문무를 겸한 애국자라 하겠다.

임고면에는 아름다운 숲 학교가 있다. 전국 '아름다운 숲 학교' 대상에 빛나는 임고초등학교 교정 숲은 백 년 이상 되는 느티나무, 플라타너스, 은행나무 등 아름드리 고목들이 숲을 이루고 있다. 보현산 줄기에 자리 잡은 아름다운 교정은 나그네 발걸음을 오랫동안 붙잡는다. 문우들 몇 사람이 손띠를 이으며 가슴으로 안고는 고목의 나이테를 가늠한다. 이렇듯 아름다운 교정에서 유년의 꿈을 간직하는 학생들은 얼마나 행복한가.

가을기행의 끝머리에서 우리 또한 가슴에 아름다운 꿈을 심고 간직한다. 고매한 선비들의 기상과 정신을 닮아가고자 하는 이상의 꿈을. 그리고 그 꿈의 실현을. 시대를 넘어 포은의 고매한 그림자가 길게 드리운다.

영화는 영화다

바깥에는 이미 어둠이 내리고 있었다. 축제의 오후, 사람들이 느리게 움직이는 모습이 보였다. 나는 혼자서 게스트룸의 탁자에서 빵으로 저녁을 대신한다. 즐긴다는 것, 다른 유형의 삶에 잠겨 든다는 것, 그 유쾌한 일탈이 시작됐다. 하루 네 편의 연속 관람은 영화제가 아니고는 누릴 수 없는 특권이다.

가을 초입에 열린 국제영화제가 올해로 17회째를 맞았으니 이미 국내 최고의 영화 축제로 자리매김을 했다. 국내외 유명 배우 백여 명이 참석한 개막식에는 국민배우 안성기와 중국 여배우 탕웨이의 사회로 별들의 잔치가 시작됐다.

영화의 전당 해운대 BIFF광장에는 외국인 단체 관광객이 더 많이 보인다. 날자별로 안내책자에서 체크한 영화 목록들. 고유번호를 확인하고 티켓 발매의 줄에 설 때부터 마음은 설렌다. 75개국에서 온 304편의 영화가 부산 바다에 닻을 내렸으니 대체 어떤 영화를 볼 것인가.

몇 가지 기준을 정한다. 우선은 나라별로 평소 국내에서 만날 수 없는 영화를 선정하고, 서른 곳이 넘는 상영관의 동선과 접근성도 고려해야 한다. 그리고는 선별된 주제와 스토리도 살펴야 하지만 작품성은 어둠 속에서 화면이 열리고 난 다음의 일이다. 대개는 기대가 크면 실망도 크게 마련이라 더러는 단잠에 푹 빠지기도 하지만 영화는 잠시 현실을 벗어나는 도피처가 되기도 한다.

열흘간의 축제를 위해 마련한 숄더백의 어깨가 풍선처럼 가볍다. 사람들은 저마다 좋아하는 일을 위해 시간과 정신을 투자한다. 처음 며칠은 지인들과의 동행이었으나 나중 그 일도 번거로워지자 아예 혼자서 스크린을 바라보는 일이 많아졌다. 그게 훨씬 편했다. 이번에도 관심이 가는 쪽은 역시 이란영화였다.

〈정원사〉는 그런 의미에서의 첫 번째 선택이었다. 170여

년 전 이란에서 시작된 종교 바하이의 본거지에는 넓고 아름다운 정원이 있다. 모흐센 마흐말바프 감독과 그의 아들 메이삼 마흐말바프는 각자의 카메라로 상대를 찍으며 정원에서 대화를 나눈다.

부자간의 대화는 종교관, 세계관, 영화관 등 다양한 분야에 걸쳐 있고 종교가 인류사회에 어떤 영향을 끼치는지를 논쟁한다. 그들 생각은 때로 극명하게 엇갈리는 세대 간의 간극이 있지만 카메라는 국경과 이데올로기를 뛰어넘는다. 일정한 스토리텔링이 없이 평등을 지향하는 바하이종교에 대해 자유롭게 이야기하는 평화로운 화면으로 이어지는 영화다.

마흐말바프의 영화를 보고 있으면 사회주의 예술운동에서 벌어졌던 문화적 논쟁의 협소함을 느낄 수가 있다. 그는 10대 때이던 사십여 년 전 투옥된 반체제 인사로서 그 작품들 중 일부는 본국에서 상영 금지되고 있다. 팔레비왕정 시절 정부 이슬람 조직 소속으로 활동하다 자신에게 총을 거눈 경찰을 칼로 찌른 혐의로 체포돼 6년간 옥살이를 했다.

그의 영화 인생은 감옥 출소 후 시작됐다. 팔레비 왕조는 이슬람 민주화혁명으로 물러났지만 그의 반골 인생은 바뀌지 않았다. 이번에는 이슬람주의 정권이 예술적 탄압을 가해왔기 때문. 아내와 두 딸도 영화감독으로 활동하는 영화 가족이기도 한 그는 정부의 영화검열을 공개적으로 비판하는 등 수시로 반체제적 의견도 발표한다.

이스라엘에서 찍은 이번 영화 〈정원사〉를 들고 아들과 함께 국제영화제를 찾은 그를 위해 레드카펫 행사를 열고 있었다. 그들 부자의 걸음걸이는 당당했다. 최근에는 김동호 BIFF 명예위원장을 위한 다큐멘터리를 찍는 모습이 여기저기서 보이기도 했다.

〈아비가일〉은 한국계 미국인 감독 정이삭이 선녀와 나무꾼 이야기를 모티브로 한 작품인데 사랑을 통해 외롭고 고독한 현실을 초월하는 이야기다. 뉴욕에서 장애인과 노인들에게 책을 읽어주며 살아가는 중년의 여성 아비가일. 주인공 '아만다 플러머'의 역할은 슬프게도 선녀가 아니라 나무꾼이다.

그녀는 낯선 동양 청년을 만나 도움을 주고 그 남자와 애정을 나눈다. 언제 그녀가 숨겨놓은 옷을 찾아 그가 떠나버릴지도 모르는 불안한 관계. 스토리 중심보다는 분위기나 느낌을 중요시한 작품이라 다소 현실성이 떨어지기도 하지만 상징적이고 몽환적인 이 영화에서 아만다는 아비가일의 고독한 내면을 아름답고 아프게 표출해낸다.

〈사운드 오브 뮤직〉의 배우 크리스토퍼 플러머의 딸이기도 한 그녀는 감독에게 직접 메일을 넣어 이 영화의 출연을 요청해 '운명의 연락'이 오길 기도했다는 귀여운 여인이다. 결코 미인이 아니라 다소 투박하고 주변에서 흔히 볼 수 있는 평범한 외모의 그녀는, 스타란 미모보다는 연기력으로 승부한다는 걸 보여주기도 한다.

이번 영화제에서 가장 깊게 몰입한 영화는 카나다의 〈진실된 거짓〉이다. 진실은 종종 그 단어가 가진 뜻과는 다르게 현실의 모든 것을 부정하게 만든다. 이 영화는 감당하기 힘든 진실을 파헤치는 한 아들과, 진실로부터 아들을 보호하기 위한 아버지의 얘기다.

교통사고로 순식간에 엄마를 잃은 컬른은 엄마의 유품에서 비디오테이프 하나를 발견한다. 테이프에는 어머니가 결혼 전 강간당했으며 컬른은 그로인해 내어난 아이라고 말하는 어머니의 고백이 담겨있다. 현재의 아버지가 친부가 아니라는 데 충격을 받은 컬른은 어머니를 강간한 남자를 찾아 나서기에 이른다.

범인이자 동시에 아버지이기도 한 남자를 찾는 청년의 이야기는 짐짓 무거워 보이지만 영화는 감동, 서스펜스, 유머 그 무엇 하나도 놓치지 않은 종합선물세트다. 너무 많은 것을 한 작품에 담았다는 점에서 다소 산만해 보일 수 있지만 이보다는 다양한 장르를 한데 녹이는 감독의 조화로운 균형 감각이 돋보인 수작이었다.

인간의 순수를 지킨다는 명목으로 부인과 세 자녀를 어두운 집 안에 감금하고 사는 광기의 아버지를 다룬 〈순수의 성〉은 50년대 멕시코시티에서 벌어진 끔찍한 실화를 바탕으로 만들어졌다. 독일 하층민의 상상을 초월하는 일상을 독특한 리듬으로 담아낸 〈아넬리〉, 프랑스 체제에 저항하는 젊은이들 얘기인 〈오월 이후〉 등이 특별한 기억으로 남은 영화들이다.

영화제 출품작 중에는 졸작이 없는 것도 아니다. 아프가니스탄 〈라비아 발키〉의 경우, 계속 끊어지는 필름과 낡은 흑백 화면의 후진성에 시력이 견디지 못해 중간에 나온 적도 있었으니…. 이 밖에 선별한 레바논, 터키, 콜롬비아, 모로코, 아르헨티나 등의 영화는 화면을 통해 그 나라의 문화와 생활상에 접근해볼 수 있기 때문이었다.

축제는 끝났다. 영화의 바다에 빠졌던 영상예술의 잔치는 가을바람의 쓸쓸한 기운과 함께 멀어져 갔지만 스크린과 함께 향유한 문화의 향기는 오래도록 기억에 남을 것이다. 영화는 영화 그 이전에 언어를 초월한 소통과 생각의 영역을 확장시키는 힘을 그 속에 담고 있다.

아무래도 영화를 좋아하는 이 습벽은 내게 살아있는 동안의 어떤 과정인 듯도 하다. 게스트 티켓을 미리 발매해 준 지인에게 감사하면서 내년 이맘때쯤이면 나는 또 영화의 전당을 찾을 것이다.

박수소리

해거름 무렵이었다. 뜬금없이 전화벨이 울린다. 저쪽에서 대뜸 하는 말이 '지금 나하고 둘이 여행을 떠나자' 고 한다. 내일도 모레도 아니고 지금 여기 이 순간에 곧바로 떠나자는 친구의 제안이 맹랑한 매력이다.

'여행? 좋지. 그럼 가야지.' 나의 즉답이다. 오히려 내 쪽에서 희불자승하였는지도 모른다. 그 순간 마주친 박수소리가 통통 튀는 환호 음이 전화기 속에서 울렸다.

즉시 가방을 챙기면서 마음속 기쁨의 파도가 일렁인다. 지명을 넘어 이순을 지나 불유구가 내일인데 생각 하나 일으킴과 동시에 떠날 수 있는 일탈의 여유쯤이야 다 지니고 사는 법. 남편에겐 여행지에서 연락하리라. 그때 '여보, 일 년만 나를 찾지 말아주세요.'로 시작되는 문정희의 시가 떠올랐다. 이렇게 저물녘에 갑자기 받은 한 통의 전화로 공기와 먼지 속에 떠돌아다니는 또 다른 나를 만나러 가는 길에 오르게 됐다.

화장도 별로 안하니 가방 속 짐이 가볍기만 하다. 파자마 칫솔 등속이면 충분하지. 동갑내기 여인네와 단둘의 동행은 바람처럼 걸리는 게 없다. 며칠 후에 오든 그것은 마음이 시키는 대로다. 자동차 부속품 같은 쳇바퀴를 벗어나 홀랑 감행하는 일탈의 실천. 이 친구 정말 생활의 멋과 맛을 아는 사람이네?

'왔어요.' 이내 도착 문자가 딩동! 전해진다. 콘도 회원권을 소지한 그의 차가 집 앞에 도착했다. 가방을 든 나는 아파트 마당에서 기법게 웃으며 운전석에 털썩 주저앉는다. 어둠은 이미 도회의 거리를 잠식했고 이른 봄날의 차 안은 따뜻하고 편안했다.

어둠 속에서 둘은 고속도로를 두고 일부러 해안도로를 달린다. 차창 너머로 철썩이는 파도소리가 들렸다. 오래전 동해안 끝 지점에 있던 수녀님을 찾아갈 때도 이 도로를 지나며

들던 석양의 해조음이다. 반복되는 남편의 돌출 행동을 참을 수 없어 달랑 편지 한 장 남기고 떠났던 최초의 일탈행위였다. 그때는 새댁이었고 지금은 흰 실밥을 머리에 이고 있을 뿐 존재는 여전히 길 위에 섰다.

두어 시간 달렸을까. 성수기가 지난 한밤의 프런트는 조용했다. 숙소에 간단한 여장을 풀었다. 아직은 차가운 밤바람, 따뜻한 온돌이 마음을 푸근하게 녹여준다. 남편에게는 여행지에 와 있음을 전화로 통보한다. 약간 놀라는 기색, 그러나 별로 개의치는 않는다. 저녁을 먹지 않았음이 그제야 생각났지만 그런 건 아무래도 좋았다. 장년의 두 여인네, 계획 없는 여행을 불쑥 떠날 만큼 언제부터 이리 친해졌을까?

사실 어릴 적부터의 단금우는 아니었다. 모임을 통해 친분을 나눴지만 같은 감성을 가졌고 바라보는 지향점이 같다는 게 우선이었다. 그녀는 성격이 순연하고 입술 발림이나 면치레를 할 줄도 모른다. 전문직인 자기 일에도 독선이나 아집이 없고 카리스마를 빛낼 때의 의사표시는 분명했으니 황혼의 지기知己로는 짝을 만난 셈이었다. 어떤 때에는 가끔 내 수필의 소재가 돼 주기도 했다.

내가 진정 아끼는 만병통치약은 희석되지 않은 순수한 아침공기 한 모금이다. 새벽 기운은 호수의 수면처럼 잔잔하다. 동창이 밝아올 무렵 둘은 패딩 점퍼로 몸을 감싼 채 강가로 새벽 산책을 나갔다. 수면 위는 안개가 짙어 세상이 온통 푸르스름한 모기장 속에 갇힌 듯했다. 작은 박새들이 나무 사이로 포르릉 날아다니며 호젓한 강변의 아침 노래를 부른다. 간밤에 흘린 하느님의 눈물이 새들의 깃털에 고요히 이슬처럼 맺히고 있다. 꽃은 아직 피지 않아도 마음이 먼저 봄을 불러들였다.

강과 숲이 어우러진 길고 긴 산책로에는 사람의 발길이 없다. 침묵하는 호수와 나무들이 전부 내 것이니 이만한 자연 정원을 가지는 일은 새벽잠을 줄인 자만의 행운이다. 두 여인이 벤치에 앉아 한곳의 수면을 응시한다. 언어가 사라진 뒤에야 비로소 마음을 보기 시작한다. 우리 각자는 한 그루의 큰 나무, 시친 길손에 쉼터가 돼 주는 역할을 한 번이라도 생각해본 적이 있었던가.

문인에게 글이란 과연 무엇인가. 그것은 허한 가슴을 채워주는 한 그릇의 밥이다. 생애 중 다른 이의 기억에 남을 한 편의 글을 쓸 수 있다면 그나마 보람인 것을, 이상은 하늘에 걸렸고 필력은 따라주지 않아 연연했던 나날들이 시간의 그물

망에 걸려있다. 버리고 살아도 좋을 무위의 거미줄들을 걷어 이 새벽 저 물속으로 던질 수만 있다면.

오후 시간에 잠시 양동마을에 들른다. 오백 년 전에도 누군가 앉았을 반들반들 윤기 나는 마루에도 앉아보고 손때 묻은 문고리도 잡아본다. 수없이 연기가 피어올랐을 굴뚝과, 글 읽는 소리가 밴 사랑채도 들여다본다. 그리고 숱하게 반복된 생로병사의 흔적이 담긴 고택에서 그 긴 세월을 헤아려본다. 역사는 끊임없이 반복되는 것. 머플러를 두른 두 여인의 발걸음도 시간 속에 묻어놓고 천천히 돌아선다.

시간표에 구애함이 없으니 배고프면 먹고, 피곤하면 쉬곤 했으나 식후 식곤증은 피할 길이 없다. 강원도 홍천의 뱃제고개처럼 지형 험한 산길은 아니어도 낯선 길 운전은 교대로 한다. 둘이 동시에 찾아온 졸음에 잠시 차를 세운다.

잔잔한 물결이 바라보이는 졸음쉼터에서 잠시 눈을 붙이는가 했는데 깨어보니 한 시간이 훌쩍 지나갔다. 꿀잠이었다. 늘 시간은 기어가고 세월은 날아간다고 믿었는데 이럴 때는 그 반대의 경우다.

나날의 무늬는 다 다르다. 그것이 지루한 일상을 바꿔주고 살게 하는 이유다. 잠시 생활의 변화를 준 여행에서 돌아와 햇살이 졸고 있는 화초들의 의자에 앉아 조용히 생각한다. 해거름에 단행한 불시여행, 어쩌면 그것은 대성전에서 한 번쯤 보게 되는 스테인드글라스의 빛 같은 것이었는지도 모른다.

삼월 중순, 주황색 군자란이 입술을 내밀고 분홍빛 오로라가 새 잎눈을 틔운다. 베란다 정원에도 이제 막 봄의 향연이 시작되고 있다.

외도

서예 한담

오래 전 졸저를 평론해주신 스승님께서 글씨 한 폭을 주셨다. 수십 년간 서예를 익힌 추사체의 달필이었으니 문외한의 눈으로 봐도 멋신 휘호였다. 귀한 글씨로 쓰인 이백의 산중문답山中問答은 족자에 실려 지금도 거실 한편을 지키고 섰다.

問余何事棲碧山　묻노니, 그대는 어이해 푸른 산에 사는가?
笑而不答心自閑　웃을 뿐 대답하지 않으니 마음 절로 한가롭네.
桃花流水杳然去　복사꽃 물에 떠서 아득히 흘러가니,
別有天地非人間　별천지 따로 있어 인간 세상 아니라네.

자연과 달과 시를 사랑하며 이백처럼 여유로운 마음으로 살되 좋은 글을 쓰라는 뜻도 함께 담겼으니 가끔은 글씨를 쓰며 스승님의 글귀를 바라다본다. 서예도, 문학도 창조의 길은 고달픈 아름다움이다.

연전에 서예 입문을 할 때는 포부가 있었다. 한글로 된 '주님의 기도' 병풍을 한 점 남기기 위함이었다. 후일 존재는 먼 조상으로 잊혀도 글씨는 남아 후손들이 볼 수 있다면 하는 생각이었으나 그 희망이란 게 쓰면 쓸수록 만만치가 않아 어설픈 꿈을 접어야 할지도 모르겠다.

서책과의 씨름이 무르익어 어느 정도 글씨 모양이 잡힌다 싶으면 마지막에 낙관落款 쓸 때에 모양새를 완전히 망칠 때도 허다하다. 대체로 글씨본은 연습을 많이 하지만 자신의 호號나 이름은 게으르게 생각하기 때문이다. 사실은 본인의 이름자 하나 제대로 쓰기도 얼마나 어려운 일인가.

먹을 간다. 연적에서 벼룻물을 부어 천천히 갈아주면서 마음을 다스린다. 끈적한 먹물이 어우러질 때까지 마음에서 일어나는 번뇌와 망상도 함께 잠재운다. 점차 먹물이 진해질수록 어지러운 잡념도 검은 벼루 위에서 사라지고 뭉개진다.

마음 정화를 위해 울울한 심사를 다스릴 때는 붓을 잡는다.

방안 가득 묵향이 번지면서 허리를 곧추세워 바른 자세를 잡는다. 올바른 글씨는 반듯한 자세에서 나온다고 했으니 어깨를 움츠리거나 허리를 구부정하게 해서는 안 될 일이다. 중봉을 힘 있게 그으려면 붓을 든 팔뚝을 바닥에 닿지 않게 들어주면서 손목에 올곧은 힘이 들어가야 한다.

붓글씨를 쓰면서 선비 사士자를 생각한다. 옛날 사대부의 선비들은 벼루 다섯 개에 구멍을 내야 비로소 제대로 된 글을 쓴다고 했으니 얼마나 갈고닦아야 마음에 드는 글씨 한 폭을 쓸 수 있을까. 매사가 마음공부요 시간과의 싸움이다.

글은 곧 사람이란 말은 서예에도 통한다. 서실에서 선생이 체본을 써줄 때는 자획字畫에 힘이 있고 균형이 있는데 내가 쓴 글씨는 어설프기 짝이 없다. 글씨도 쓰는 이의 체형을 닮는지 서체가 오종종하고 뚱실뚱실하기만 하다. 입문한 지가 얼마나 됐다고 사십 년 동안 글을 써온 대가를 흉내 내고자 함이라니 아무래도 언감생심이다.

붓글씨도 수행이다. 서예는 힘을 쓰고 구르고 달리는 동적인 운동이 아니라 지긋하게 마음을 누르는 정적인 단련이 필요하기 때문이다. 서실의 사람들을 보면 섬세하고 다감하며 조용조용한 성격들이 대부분이다. 마음 갈피가 헝클어질 때는 제대로 된 글씨가 나오지 않지만 평상심에는 운필運筆에 힘이 있고 서체도 반듯하다.

화선지는 모성을 닮았다. 하늘하늘한 흰 갑사댕기처럼 정갈한 대지는 어떤 붓이 어떤 획을 내리긋든 지긋이 받아줄 뿐 저항을 모른다. 어머니인 대지는 넉넉한 품을 펼쳐 먹물의 조화를 기다린다.

갈매기처럼 오묘한 기역 자字의 모양을 제대로 내기 위해 반복해서 힘 있게 중봉을 내리긋는다. 연습으로 수십 장 화선지를 적셔도 선생의 체본 글씨는 물 찬 제비요 흉내 낸 내 글은 아무리 써도 들녘에 선 허수아비다.

휘호대회에 가본 적이 있다. 대회 참가함이 아니라 동료를 격려하기 위함이었다. 사월이지만 날씨는 아직 꽃샘추위가 서성이는데 참가자들은 부산진구청 백양홀의 콘크리트 바닥 냉기와 씨름하고 있었다. 참여부문은 한글, 한문, 문인화였다. 서예 깔판 한 장 위에 정좌하고 앉아 곧 내려질 명제命題를 기다리는 모습이 조선시대 선비들의 과거시험과 다를 바가 없다. 다부진 각오로 시험에 응하는 표정들이 결의에 차 있다. 붓을 드는 동료를 보며 따끈한 커피 한 잔을 뽑아주고는 소리 없이 자리를 빠져나왔다.

어느 정도 기량이 익으면 자신의 글씨를 시험해 볼 수도 있겠지만 아직은 정자체를 연습하고 있으니 대회 참가는 남의 일이다. 한글의 아름다움과 마음 공부하듯 서예를 즐겨온 선비들의 단아한 기품을 좇아 오늘도 붓과 벼루를 마주한다. 한 점 마음 안에 일렁이는 갈등과 고뇌마저 화선지를 누르는 서진書鎭으로 지그시 누르며.

외도

글이 간절해질 때가 있다. 일 년여 한 편의 글도 쓰지 못하고 바깥으로 서성일 때이다. 자의든 타의든 창작으로부터 멀어져 있었고, 그러나 매양 마음이 헛헛하고 무언가에 밀려난 듯한 불안감에 사로잡히기도 했다. 이제는 돌아와 내 누이 곁에 선 한 송이 국화같이 마음 다잡아 책상 앞에서 붓을 잡을 때다.

뜬금없이 문학의 본류에서 벗어나고 싶었던 시간, 그 첫 번째 일탈은 서예 입문이었다. 어떤 선비정신이라기보다 먹을 갈아 정갈하게 선을 긋는 일이 마음 닦는 일이라 여겨졌다. 사회적으로는 한창 자전거 붐이 일고 있을 때였다. 나날이 마주하는 아침 산 '절친'들이 경쾌하게 자전거로 산천을 누빌 때 홀로 서실을 찾아들었다.

정적인 성향을 다스려 연적에 물 붓는 세심의 마음, 벼루에 먹을 갈고는 한 획 한 획 그을 때마다 세상사 고요히 잠재울 수가 있었다. 글 쓰는 일도 창작이요 붓글씨 또한 흰 백지를 먹물로 채워나가는 창작의 행위였다. 마음이 붓을 따라가는 것이 수필이요, 마음이 붓을 움직이는 것이 운필이었다.

모든 예술의 기량이 그러하듯 갈고 닦아야 빛이 나는 법이다. 아름다움은 거저 생겨난 것이 아니다. 저만치서 바라볼 때는 추상적인 미의 자취만 보이지만 그 속에 들어가 보면 얼마큼의 노력과 땀의 투혼이 필요한지를 알게 된다. 국화는 구월에 피지만 꽃은 계절이 올 때까지 조바심을 내지 않는다. 지긋한 인내의 시간, 모든 예술의 꽃은 시간이 견뎌낸 간절하고 아픈 열매이다.

일주일에 두 번, 서실에 가는 날이 즐거웠다. 비슷한 성정을 가진 이들이 지그시 시간을 누르며 자기 성취를 기한다는 한 가지 시선이 있기 때문이었다. 이미 수십 년 전에 입문해서 경지에 오른 이들이 많았으나 괘념치 않고 늦은 나이에 한글의 가로획부터 배워 나갔다. 하긴 모든 게 느림보 걸음이었다. 결혼도, 수필 등단도, 늦은 시작이었으니 이미 늦깎이 인생을 탓할 마음은 없었는지도 모른다. 그러나 마음은 훤한데 붓이 마음대로 움직여주지 않을 때는 내심의 조급함을 눌러야 했다.

그즈음 거실 벽에 걸린 족자 한 편을 자주 바라보았다. 예서체로 멋지게 흘러내린 한자 휘호는 오래 전 글 스승이 주신 이백의 '산중문답'이었다. 글씨 한 편을 선물로 받을 때는 예사였는데 서예 입문하고 보니 보통의 내공이 아니었다. 부러웠다. 자획마다 그분의 그윽한 인품이 전해져왔다. 삼십 년이 넘게 정진해온 땀의 흔적이 운필의 행간마다 고스란히 묻어있는 걸작이었다.

사실 서실을 찾을 때의 첫 마음은 자필로 된 병풍 하나쯤 남기고픈 속내가 있었다. 그러나 작품을 남긴다는 일이 얼마큼의 수련이 필요한지를 빠져들수록 알게 됐다. 이제 겨우 초보를 벗어난 수준이지만 출품작 한 편을 쓰기 위해 삼복에도 비지땀을 흘리며 끙끙대야 한다.

두 번째 일탈은 악기 연주였다. 오래전에 배우던 크로마하프는 세월 먼지를 뒤집어쓴 채 창고에 방치돼 있지만 이번에 마음을 사로잡은 것은 기타보다 작고 앙증스런 우쿨렐레였다. 휴대하기도 간편하지만 맑고 청량한 음을 내는 소리가 마음을 끈 것이다. 마침 딸이 사둔 악기가 부추기는 바람에 백화점 문화센터를 찾았다.

벼룩(우쿨)이 뛰다(렐레) 라는 뜻의 이 악기는 하와이 악기로 알려졌으나 국적은 미국이었다.

처음엔 오선지 음계도 제대로 볼 줄 몰라 계명 찾기에 급급했다. 일주일 두 번의 수강시간보다는 집에서 거의 내내 잡고 있어야 선생의 설명을 겨우 따라갈 수 있었다. 낯선 음악 용어가 교실에선 알아듣는 듯하다가도 집에 와선 아리잠직해서 도무지 생각나지 않을 때도 부지기수였다. 쉬지 않고 반주연습을 피킹할 때는 엄지와 검지 부분에 굳은살이 박혔으나 알듯 모를 듯 재미가 앞설 때는 한두 시간이 금방 지나갔다.

칼립소 리듬은 경쾌하고 활기에 넘치지만 악센트에 특징이 있다. 서인도제도의 민속음악리듬을 가리키는 칼립소는 원래는 아프리카 흑인들이 노예로 팔려나가 농장에서 일하며 불렀던 노동노래의 일종이다. 둘째 박자와 넷째 박자에 강한 악센트를 필요로 하는 칼립소 연주에 더욱 연연할 때마다 내 안의 노예근성을 생각하기도 했다.

아직도 난이도가 높은 것은 각 줄의 음을 정확한 음정으로 맞추는 튜닝(조율)작업이다. 음감을 제대로 잡지 못해 튜닝하다 줄이 끊긴지가 몇 번이니 음치가 악기 근처를 서성이는 건 아닌지도 모를 일이다. 태어날 아기의 태교음악을 위해 수강하는 새댁이 매번 내 악기를 만져주곤 했다. 어찌어찌 클래식을 연주하는 과정까지 오게 됐다만 중인환시하에 멋지게 연주한다는 일은 요원한 꿈이 아닐까.

사십대의 터무니없는 열정은 빈 배를 바다에 드리우고 풍랑을 기다리는 무지와 막막함이었다. 닿을 수 없는 항구에 닻을 내리고는 만선의 헛된 꿈을 마다하지 않는 어부였다. 현실도 이상도 모두 제쳐둔 채 사랑의 온기로만 세상을 뜨겁게 달굴 수 있을 것만 같던 시절이었다.

이제 내 안에 바람이 잔다. 무모했던 톱니바람도, 질풍노도와도 같던 허리케인도 모두 비켜난 지금 가만히 귀 기울여 바람의 소리를 그리워해 보지만 어느 귀퉁이에도 애증을 실은 미풍의 그림자 하나 보이지 않는다.

봄바람과 나무의 관계를 생각해본다. 겨울을 지낸 나무는 새싹을 내기 위해 다른 어떤 때보다 물을 많이 필요로 하는데, 땅에서 뽑아 올린 물을 우듬지까지 밀어 올리는 일은 보통 힘든 일이 아니라고 한다. 이때 나무를 흔들어주는 바람이 쉽게 수분을 가지 끝까지 끌어올리는 역할을 한다고 했다. 한 때 나를 힘들게 한 무모했던 바람 또한 성장의 밑거름이었다니 그 또한 자연의 신비가 아닐지.

외도는 흔들리는 배에 승선하는 일. 우리 모두는 지금 흔들리는 배에 타고 있는지도 모른다. 서예도 악기도, 그리고 내면에 일렁이던 폭풍 같던 젊음의 열기도 모두 지나가는 과객이요 나를 키운 바람이었을 것이다. 이제는 돌아와 다시 녹슨 칼을 갈아야 할 때다. 한 편이라도 좋으니 기억에 남길 아름다운 수필을 쓰기 위해서.

만추

선운사 단풍

참 고혹적이다. 빗길에 젖은 단풍 밟기도 아깝다. 가을이야 매양 '엽락귀근'의 계절이지만 물빛에 비친 낭만적인 붉은 색채는 흩뿌리는 가을비가 준 선물인가. 십일월의 무르익은 단풍놀이라면 내장산 강천산이 으뜸인 줄 알았다. 상식의 허를 찌르는 하루. 선운사는 동백꽃만, 꽃무릇만이 전부가 아니다. 심산의 계곡 물빛에 비친 붉은 단풍의 색채는 가슴을 저리게 한다.

한 장의 사진을 보고 있다. 주홍빛으로 물든 계곡의 심연.

명경지수에 비친 단풍 색을 보았는가. 그냥 물든 이파리야 어디에도 있지만 고운 홍엽이 물거울에 비친 선운사는 마냥 꿈속에 젖었다. 고목은 빗물에 씻겨 이끼 낀 검은색 몸체를 선명하게 드러내고 우듬지 황금빛의 낙엽은 허공에서 서러운 고향의 노래를 부른다. 돌아갈 본향도 저리 아름다운 파스텔 색조라면.

한 송이 국화가 양각된 미당 시문학관. 고향 폐교를 이용한 문학관은 칠 년 전의 그 피폐한 모습이 아니다. 넓은 운동장에는 땅콩을 까고 있던 노파의 모습 대신 커다란 자전거 바퀴의 형상화가 덩그러니 서 있다. 그것은 자전거 페달을 밟으며 세상을 주유周遊하고 싶었던 미당의 꿈인 것일까. 날 수 없는 질마재의 꿈. 그를 키운 팔 할의 바람을 빗속에 선 나도 폐부 깊숙이 들이마신다.

남해 망운사

해발 팔백 미터 가까운 남해 정상의 망운사에 오르다. 금산 보리암은 알아도 이 가파른 곳 사찰은 처음이다. 은은한 독경

소리, 아직도 담장은 기와불사가 한창이다. 태생이 사하촌寺下村이라 옷깃에 불경소리만 스쳐도 마음이 안온해진다. 영혼 깊숙한 곳의 심연을 건드리는 소리. 푸른빛 기와를 인 아담한 보광전은 옥빛 하늘과 맞닿아 고즈넉하다.

가을산은 아직 설익었다. 눈 아래 지도는 시원하게 펼쳐진 남해 시가지. 태평양으로 연하는 푸른 바다가 안고 있어 더욱 열린 고장이다. 천천히 사찰 경내를 걸어본다. 흰 고무신이 정갈한 선방도 신식이라 격자무늬 창살에는 디지털 도어 록이 달렸다. 그것도 번호만 누름이 아니라 카드 인식이다. 선불교라는 아날로그의 감성에서 철통같이 무장된 디지털의 전환, 다소 낯선 정경이지만 시대의 흐름이라 치부해본다.

'여성을 존경하십시오. 우주의 본체입니다.' 라는 주지 성각 스님의 인사 말씀. 폭넓은 가사장삼의 내면에는 여성과 우주에 대한 신성과 존경이 담겼다. 불심의 본체는 연꽃 속의 보석이라 천장에 매단 수많은 연등이 시선을 붙잡는다. 선화禪畫의 대가이신 스님에게서 '억겁의 미소'란 그림 족자 한 점씩을 선물로 건네받다.

쉰아홉에 시작해 삼십 년간 아들 스님을 봉양해왔다는 연로하신 어머님의 손을 잡아본다. 노모는 댓돌 위에서 해바라기를 하고 계신다. 노욕이 가신 새하얀 머릿결과 얼굴 표정이 그지없이 정갈하다. 부모에게 있어 자식이란 어떤 존재인가. 희생의 이름만으론 부족한 그 무엇.

오후 햇살에 반사된 은파는 또 다른 평온과 자족을 안겨다 준다. 우담바라가 피는 곳, 벽련마을에서 조각배를 타고 서포 김만중의 유허지로 향한다. 그 옛날 위리 안치된 선비 한 사람, 유배 삼락을 찾다 영면한 땅이다. 임이 밟았던 그 조붓한 산길에 사각사각 밟히는 마른 잎 소리마저 서럽기만 하다. 서포의 얼이 숨 쉬는 문학의 섬, 노도에 가다.

고령 대가야의 땅

가을이 깊어갈수록 역사의 땅, 그 숨결 또한 깊이진다. 대가야박물관을 다시 찾고는 나의 무지를 발견하다. 일전의 수필 '순명이었을까'에서 '돌넛덜'이라 표기한 말이 잘못된 것이었음을 곁에 와서 살며시 짚어준 이가 있었다. 과연 맞았다. 다시 찾은 왕릉전시관에서 딸린돌방, 으뜸돌방, 그리고 '돌덧널'이란 표기를 확인하고는 그분의 지적이 얼마나 고마웠던

지. 날이 가면서 배움의 깊이도 더해가지만 일천한 창작 에너지 또한 소진돼 가는 것을 느끼다.

이날 배운 또 한 가지. 궁금한 소재였던 순장殉葬은 강제로 죽여서 묻는 것이고, 순사殉死는 죽은 사람의 뒤를 따라 스스로 죽음을 택하는 순절을 의미한다는 것이 해설사의 설명이었다. 고대사회 계세사상은 이렇듯 무지한 억지 죽음도 가져왔고 주군과의 '따라 죽음'도 있었음이 순장묘의 실체였다.

당시 지배층에서 성행했던 순장의 풍습은 순장자 또한 왕이 죽을 때 그 명단을 미리 지정했다고 한다. 물론 자신이 선호했던 사람들이었다. 지배자와 피지배자가 종속관계에 있어야 가능했으니 호위무사, 시종, 군졸이나 사랑하는 이가 일순위였을 것이다.

칠백여 기의 고분 중에서 현재는 십일 기가 발굴된 순장 묘에서는 적게는 삼사 명, 많게는 사오십 명이 발굴됐다고 한다. 그 숫자는 아마도 생전에 누리던 지위에 따른 것이리라. 이날 가을 답사기행의 아쉬움은 인근의 우륵박물관을 찾지 못한 것이었다.

내원사

문학의 이름을 벗어난 순수한 가을단풍놀이. 계곡과 산세가 빼어나다. 가깝다는 이유로 해마다 여름이면 가족이 찾는 피서지이기도 한데 가을 그림은 또 색다른 비경이다. 오색 단풍은 계곡에 수줍은 그림자를 드리우고, 넘어가는 일몰은 인생을 닮아 있다.

한 해의 가을 마음에 여러 곳의 고엽을 담았다. 이제 곧 무서리가 내리겠지. 하나의 가을이 또 저물고 있다.

귀천

도로변에는 노란 낙엽송들이 무리지어 서 있었다. 일몰의 한가운데서 퇴색하는 단풍들을 바라보는 심경이 이전 같지는 않았다. 가족과 함께 우리 부부가 누울 공원묘원의 봉안당 한 자리를 정하고 오는 길이었다. 해도 저물고 나도 저물고 있음을 거부할 수 없는 현실로 받아들인 걸음이었다.

심경에 변화를 가져온 것은 지인의 장례 절차에서였다. 투병 기간이 있긴 했지만 갑작스런 그의 죽음은 많은 것을 생각하게 했다. 세상 소풍 끝나는 날, 덫처럼 불시에 닥칠지는 아무도 모르는 그날을 위해 준비가 필요할 것 같았다. 가족회의를 열어 의사를 타진했다. 시신 기증을 생각했으나 가족 동의

가 필요했다. 요즘 장묘문화에 따라 봉안당 안치에 의견이 모아졌다.

'하늘공원' 봉안당은 이미 만석에 가까웠다. 영혼들이 잠든 아파트. 아랫단부터 맨 윗단까지 8단으로 이어진 사각의 대리석 칸들은 눈높이인 3단에서 6단까지는 모두 분양이 끝난 상태로 전체 조감도 부분이 검게 채색돼 있었다. 살아서나 죽어서나 묘 자리를 놓고서도 경쟁하는 세태. 여기도 예약 분양이라 자리 쟁탈전이다.

나지막한 계단을 걸어 한 층 아래로 내려갔다. 허망한 생각 같은 건 들지 않았다. 영혼들의 궁전에는 늦가을 오후 햇살이 아늑하게 비춰지고 있어 건물 구도는 어둡거나 칙칙하지도 않았다. 돌아갈 집을 구한다는 것, 그것은 본인의 사후를 위한 일인데도 누울 자리를 돌아보는 일이 전혀 낯설거나 어색하지 않았다. 원초적인 고향 의식에 마음 한편이 오히려 든든해지는 심경이었다. 가족들은 마치 이사할 집을 고르듯 안내자의 설명을 따랐다. 마침 채광이 좋은 부부 단 하나가 눈에 들었다. 딸아이는 말이 없었다.

부부 단 말고는 개인 단이라도 두 기가 나란히 붙어 있으면 괜찮지 않겠냐는 의견에 다시 또 계단을 걸어 한 층을 올라왔다. 눈높이 단에 빈자리가 있었다. 그때 남편이 슬며시 내 옷자락을 끌었다. 아까 그리로 도로 내려가자는 것이었다. 저승에서도 한 자리에 들고 싶어지는 것이었을까. 남편의 내심을 바라보며 쓸쓸한 웃음이 나왔다.

이윽고 아들 이름으로 봉안당 안치계약서를 작성했다. 나는 말없이 아들을 바라보고 있었다. 서명하는 아들의 표정은 무거웠고 침묵 가운데 비감을 담은 것 같았다. 천주교석계공원묘원 하늘공원 B1 아135호. 여기가 영원에 안착할 문패 번호였고 집값은 오백이십만 원이었다.

며칠 후 하늘나라 시민증이 날아왔다. 누런색 켄트지로 된 계약서에는 소속본당, 사망일자, 안치일자 등이 기재돼 있었다. 자신의 사망일자와 유골의 봉안 일자까지 바라보는 심경은 좀 묘했지만 이내 담담해졌다.

자의로 온 것도 아니듯이 가야 하는 현실 또한 받아들이는 계절에 다다른 것이다. 막다른 골목에서가 아니라 건강할 때 자신의 끝자락을 다독인다는 일도 괜찮은 듯했다. 그러나 얼마 전까지만 해도 생각지 못한 그 일이 생애 중 일어난 것이다. 생은 참 알 수 없는 것이다.

죽음 저 너머에는 무엇이 있을까. 모두가 사라지고 아무것도 없는 것일까. 영혼은 존재의 집이다. 나는 영혼의 존재를 믿는다. 오래전 어머님 가신 지 얼마 되지 않은 어떤 날이었다. 그날따라 저녁기도 중 유달리 어머니가 보고 싶었다. 한없는 그리움에 울고 또 울면서 간청했다. '어머니, 영혼이 있다면 오늘 밤 꿈에서라도 한번 보여주세요.'

그날 밤 어머니는 꿈길에 찾아오셨다. 소복을 한 모습이 아니고 젊은 날의 머리를 쪽진 평범한 모습이었다. 어머니는 부엌에서 밥을 푸고 계셨다. 아무 말이 없어도 바라보는 것만으로도 나는 행복했다. 가신 어머니께서는 자식의 입치레를 염려하신 것일까. 그것이 어머니의 마음이었을까. 그날 이후로는 그렇게 목이 메도록 보고 싶은 그리움에서 벗어날 수 있었다.

생애의 여정에서 만난 수많은 인연의 포도송이들. 부모와 자식, 스승과 제자, 친구와 지인들. 설익은 인연으로 푸릇하게 덜 익은 송이도 있을 것이요, 농익은 햇살로 달디달게 맺어져 더러는 상처를 주고받기도 하며 맛있게 영글어간 인연도 있을 것이다. 나는 그들에게 어떤 포도송이였을까. 혹여 시거나 떫어 볼품없는 송이는 아니었을까.

사람들은 지상에서 아름다움을 추구하고 이야기한다. 아

름다움은 어디에서 오는가. 진정한 아름다움은 발견할 준비가 되어있는 사람에게만 온다. 두 손으로 안을 때 기분 좋아지는 포도송이처럼 영혼을 따뜻하게 어루만져주는, 사는 동안 그런 포도송이가 되고 싶다.

순백의 자작나무처럼

일기는 개인 생활의 거울이며 자기 성찰의 비밀스런 공간이다. 사춘기적부터 일기를 써온 습벽은 아마도 별로 빛나지 못했던 부미선조한 일상에 대한 항변이나 하소의 도구였기 때문일 것이다.

그런 마음이 있었다. '내 나이 열여덟, 후일 내 딸이 열여덟이 되면 그때 이 엄마의 고뇌와 사유는 이런 것이었다고 보여주리라.' 그러나 그 꿈은 빗나갔다. 어머니께서 이사를 하면서 객지에서 직장생활 하던 딸의 봉인된 상자가 폐지 뭉치인 줄 알고는 그대로 내다버리고만 것이었다. 청춘의 사색과 꿈의 보고가 몽땅 날아간 것을 안 것은 한참 후였으나 삭제된 그 시간들을 어디서 건질 수는 없는 일이었다.

글쓰기의 시작도 일기를 제대로 쓰기 위한 꿈에서 비롯됐다. 완벽을 추구하는 못된 성정이 교양과 지식의 추구쯤으로 배움을 시작했으나 지도교수의 주문은 그게 아니었다. '작가가 되기 위한 꿈이 없는 사람은 내일부터 나오지 말라.'는 거였다.

혹독한 문학에의 갈망과 단련은 그때부터였다. 많이 읽고, 쓰고, 보고, 하는 삼다三多의 기본기부터 시작된 채찍질은 수많은 밤을 불면으로 지새우게 했다. 한 문장을 위해 일물일어의 적확한 단어를 찾기 위한 정신노동은 사는 동안 추구해야 할 하나의 가치 기준으로 남게 됐다.

소재의 주제와 제재를 생활주변이나 여행을 통해서도 얻게 되지만, 자신을 에워싼 모든 일과 직관이 글을 통해서 형상화되는 과정이 수필이다. 체험에서 오는 소중한 느낌과 감각을 통한 예리한 통찰력으로 독자를 감동시킬 수 있다면 더없이 좋은 글이 될 수 있을 것이다.

예전이나 지금이나 글이 돈도, 밥도 되지 않건만 왜 쓰는 일에 매달리지 않고는 배길 수 없는 것일까. 어느 원로작가의 표현처럼 '처음에는 글 쓰는 일이 천복인줄 알았는데 나중에는 그 일이 천형'으로 다가와도 작가는 쓰고자 하는 내면의 꿈틀거림을 어쩔 수가 없는 것이다. 모든 예술가들이 힘든 창작의 고통을 기꺼이 감내함도 아마 이런 연유에서가 아닐까.

수필을 포도주에 비유할 수 있을까. 한 가지 소재 앞에서 오랜 숙성 기간을 거치기 때문이다. 단락의 구성과 전개, 공감할 만한 적절한 액자의 선택, 거기에 지성과 감성이 안주처럼 버무려질 때 잘 익은 술맛을 낼 수 있을 것이다.

자신의 지식을 나열하는 계도성 글이나, 흔한 자료에서 뽑은 지루한 상식들을 혼자만의 것인 양 늘어놓는다면 읽는 이의 공감을 얻지 못할 것이다. 내 글이되 이미 나를 떠난 활자의 화살은 독자의 것이 되어 예리한 비판의 도마 위에 얹히게 됨을 생각할 때 어찌 쓴다는 사유를 함부로 남용할 것인가.

한 편의 작품을 구상하면서 제목을 먼저 정해 놓고 주제를 따라가는 경우도 있고, 내용이 완성된 후 제목을 정하는 이도 있지만 내 경우는 먼저 제목을 떠올리고는 그 주제에 합당한 지문을 구성하면서 마음의 길을 따라가는 편이다. 써 놓은 글을 며칠 후에 술맛을 음미하듯 다시 읽어보며 퇴고를 하는 것은 절제되지 못한 감정의 과다 노출을 걸러내기 위함이다. 그러나 소심증이 지나쳐 퇴고에 퇴고를 거듭하다 보면 나중에는 글이 이상한 방향으로 흐르는 경우도 경험하게 된다.

미사여구로 포장된 잎새, 타령조로 이어진 표현의 잔가지들. 언제나 그것들을 배제하는 일은 쉽지 않은 일이다. 군더더기 없이 잘 발라낸 생선뼈처럼 새하얀 줄기만으로 정선된 문장. 마음은 언제나 자작나무 기품을 닮은 글을 쓰고 싶은데도 써 놓고 보면 항상 싸리나무 같은 관목이 되기 일쑤였다.

어느 겨울 강원도를 여행하다 산등성이에 온통 흰 물감으로 그어댄 펜화(畵) 같은 자작나무 숲을 만난 적이 있다. 수피樹皮가 하얗다 못해 은빛을 발하는 나무, 한 점 애련에 물들지 않고 바람 앞에 알몸으로 선 나무들은 그 몸피 자체가 처연한 침묵의 언어였다. 말하지 않아도 들려오는 목소리, 내재율이 암시하는 간결한 언어로 묘사된 수필세계가 거기 있었다.

그런 관념의 인식으로 시작된 것이 수필 〈문〉이었다. 사실 이 작품은 교도소 방문 후기를 쓰기 위한 것이었다. 객석에 앉아있던 어떤 수인의 인상적인 모습이 오래도록 마음에 남아있었기 때문이었다.

그는 가끔씩 단상을 바라보며 미소만 지을 뿐 표정에 변화가 없었다. 희고 단정한 이마와 검정 뿔테안경, 가지런히 빗어 넘긴 머리 모양에서 먼발치에서도 지성의 향기를 품고 있었다. 냉철하고 정돈된 사고를 가졌음직한 그는 왜 그 자리에 있게 된 것일까. 한 인간의 역사와 그를 기다리는 가족의 따뜻한 저녁 밥상을 그려보았다.

세상과 교도소의 경계는 문 하나 사이로 구분되고 있었다. 헌병이 지키고 선 커다란 철문을 지나고 신분증 확인의 문을 통과하고 나서야 철창 안의 그들을 마주했다. 세상의 규범은 죄와 양심의 문으로 겹겹이 둘러싸여 있었다.

'문'의 개념에 천착하게 되자 세상 온갖 문들이 마음 안에 들어왔다. 먼저 생명의 모태인 어머니와 삶의 근원인 이승과 저승의 문이 제일 먼저 떠올랐다. 그렇게 서두가 시작됐다.

> '문을 열어보니 어머니는 잠들어 있었다. 그게 이승과의 마지막이었다. 세상과의 연緣을 문하나 사이로 마감한 것이다. 숨지기 전 저 문을 열어주기를 엄마는 얼마나 애타게 기다렸을까. 문은 세상과의 소통이요, 자신을 열어 보이는 통로였다. 열림은 오는 것이요, 닫힘은 가는 것이다.
>
> 열린 문은 닫히게 마련이듯이 온 사람 또한 가게 마련이다. 그러기에 문은 인생이요 작별이요 또 다른 세상과의 만남이기도 하다.'

인생을 시작하게 되는 입시의 문과 결혼이란 인연의 문이 있고, 그리고 어릴 적 '삐그덕~' 하고 열리던 곳간의 문은 온갖 잡곡과 간식거리가 감춰져 있던 비밀의 문이기도 했다.

마음의 문이 열렸을 때는 순한 의지가 함께하지만 닫힌 마음 안에는 세상과의 단절이 있을 뿐이다. 상대방을 이해하고 받아들인다는 일은 나를 내어주는 일이다. 재소자 방문의 그날, 내내 자신을 사로잡았던 화두는 '세상의 법으로는 그들은 담 안에 있고 우리는 바깥에 있지만 전능자의 시선으로 볼 때는 그 반대일지도 모른다.'는 생각이었다.

생애를 통해 드나들었던 수많은 문. 가볍고 만만해서 쉽게 밀고 나선 문도 있었으나 자신의 힘으로는 너무 무겁고 버거워 도무지 열리지 않았던 문도 있었을 것이다. 세상과의 벽이 너무 높아 두드리지 못한 과욕의 문 또한 왜 없었을까.

사는 일이 절망처럼 아득했을 때 남몰래 마음에 품고 다닌 말이 있었다. '한 쪽 문 닫히니 다른 쪽 문 열린다.'는 이 금언이었다. 마음의 손잡이는 안에만 달려 있어서 남은 열어줄 수 없고 자신만이 열 수 있는 신념이요 희망이기 때문이었다.

우리 마음 안에는 네 개의 창문이 있다고 한다. 내가 알고 남도 아는 창. 나도 모르고 남도 모르는 창. 남은 아는데 나는 모르는 창. 나는 아는데 남은 모르는 창.

'조 하리'란 심리학자가 말한 이 마음의 창을 통해 우리는 세상을 바라본다고 했다.

하늘을 나는 독수리의 눈으로 삶을 바라본다면 폭넓게 보일 것이요, 앞만 보는 메뚜기의 눈으로 본다면 좁은 시야만 보게 될 것이다. 편협한 생각에 갇혀 스스로를 옭아맬 때마다 나 또한 내 안에 있는 메뚜기의 시선을 의식하지 않을 수 없었다.

인간 심성에서 표출하는 욕구와 분노의 문은 죄와 양심의 사이를 오가는 저울이 되기도 한다. 수행자라 하여 마음에 지옥이 없을 수 없으며, 죄인이라 하여 그 마음에 천국을 꿈꾸지 말란 법도 없을 것이다.

원래 의도했으나 은근슬쩍 밀려난 교도소의 문은 맨 뒷부분에 쓰여졌다. 살면서 만나는 모든 문들이 제목이 주는 주제의식에 끌려갔기 때문이었다. 그러나 퇴고를 거듭하는 과정에서 흠과 티가 자주 드러났으니 애초에 염원했던 자작나무처럼 결곡하고 담백한 글을 쓰기란 쉬운 일이 아니었다. 어쩌면 이 소망은 끝까지 희망 사항으로 남을지도 모를 일이다. 습관화된 자신의 문체를 바꾸는 일이 쉽지 않기 때문이다.

어떤 이의 작품을 읽다 담백한 문장이 부러워질 때가 있다. 좋은 점을 닮고 싶어 편안하고 담담한 심경으로 그분의 문체를 의식하며 써 보는 데도 종국엔 그렇지 못한 자신의 문체로 돌아와 있는 것을 발견하곤 한다. 처음 의도와는 다르게 표현되는 문장은 스스로는 어쩌지 못하는 각자의 개성인지도 모른다.

생의 마지막에 만나게 되는 하늘의 문.

사는 동안 잊고 살지만 정녕 피할 수 없는 그 근원적인 문의 존재가 빠질 수는 없는 일이다. 결미 부분의 '마지막 문 하나 밀고 들어서면 거기서 어머님이 반겨주실까.'는 수필 구성의 수미首尾일관을 위한 것이었다.

태풍의 눈

닫아 건 창문 너머로 귀신 곡성의 바람소리가 휘몰아쳤다. 이내 두두두두 하고 천지를 진동하는 소리가 밀려왔다. 벤허 영화의 말발굽 소리와도 같았다. 태풍 '볼라벤'이 몰려오고 있었다. 바람의 돌기는 어디서 시작돼 왔을까. 비 한 방울 없었던 어젯밤만 해도 방송에서 너무 호들갑을 떠는 게 아닐까 했는데 이제 그 실세를 보여주는 듯하다.

TV화면에선 종일 물난리 소식이다. 해안가에서 보도하는 방송기자는 거센 광풍에 몸이 비틀댄다. 거리엔 가로수가 뽑히고 집중호우가 내린 곳엔 자동차마저 둥둥 떠다닌다. 유난히 더웠던 올여름, 지구가 드디어 몸을 한 번 뒤척이자 한반도 전역이 몸살을 앓고 있다.

거리는 텅 빈 도시가 되었다. 전국 대부분의 학교는 이미 휴교령이 내려졌고 항공기 결항에 이어 고속도로마저 통제가 되고 있다. 처서도 지나 더위가 조금 누그러지나 했더니 느닷없이 덮친 태풍으로 농수산물 피해마저 이만저만이 아니다. 피해를 본 농어민들의 시름도 걱정이지만 연례행사처럼 또 추석을 앞둔 물가 걱정이 앞선다.

손님은 항상 여름 끝자락에 찾아왔다. 전국에 수백 명의 사망 실종자를 낸 사라호 태풍이 덮치던 날도 추석날 아침이었다. 차례 상을 물린 후 연일 퍼붓던 장대비로 온 동네가 술렁거렸다. 열 살 정도 꼬맹이는 언니들과 함께 밖으로 나갔다. 그것은 물 때문에 사람이 죽을 수 있음을 목격한 최초의 사건이었다.

쓰나미의 물결과도 같이 도도하게 범람하는 흙탕물에는 돼지와 베개들이 둥둥 떠내려 오고 있었다. 우리 마을과 초산동네를 잇던 다리가 무너지고 도랑가에 옹기종기 있던 집들은 홍수로 불어난 물살에 이미 떠내려가고 없었다.

그때 쓸려가는 초가지붕 위 높다란 감나무에 올라앉은 사람의 형태가 멀리 흐린 시야 너머로 보였다. 남자는 손을 흔들며 애타게 구조를 요청하고 있었다. 동네 장정들은 길게 밧줄을 연결해 수도 없이 나무 위로 던졌다. 지성이면 감천, 드디어 밧줄을 잡은 남자는 거센 물결을 건너와 목숨을 건졌다. 그때 외치던 그 환호, 높다란 언덕에 서서 극적인 장면을 애태우며 바라보던 우리는 안도의 박수를 보냈다. 오십여 년 전 일이었다.

재난 중에도 불은 흔적이나 남기지만, 물은 흔적도 남김없이 쓸어가 버린다. 대단한 위력을 가진 태풍의 이름은 대부분 사라, 매미, 루사, 말로처럼 여성의 이름으로 정해진다지만 이번의 볼라벤은 라오스의 고원 이름에서 따온 것이라고 한다.

발생 해역에 따른 명칭도 제각각이라 북태평양 필리핀 근해에서 발생하는 '태풍'은 중심부근에 '태풍의 눈'을 형성한다. 북대서양 카리브해 등에서 발생했을 때는 '허리케인'이요, 인도양과 호주 부근에서 발생해 강한 바람을 동반했을 때가 '싸이클론'이라 불린다는 것도 이번 태풍을 통해 알게 됐다.

그러나 기상예보에만 태풍이 있는 게 아니다. 가정사를 찬찬히 들여다보면 크고 작은 태풍이 한두 번쯤 지나가지 않은 집이 없다. 집안 집기마다 붉은 딱지가 붙는 차압이나 경매까지는 아니었지만 우리 집이라고 태풍이 피해가지는 않았다.

거리에 나앉을 수밖에 없었던 시절, 아이들은 어리고 해결 방도가 막막했던 시점에서 제일 억울했던 것은 휴일도 없이 일해 온 그 시간들이었다. 열심히 일했는데도 참담하게 찾아온 결과 앞에서 지나온 그 '시간'들은 어떻게도 보상받을 수 없음이 저녁끼니보다도 더 절실하고 큰 아픔이었다.

그때 얻은 깨달음이 휴식의 가치였다. 빨간 날에는 쉴 줄도 알고, 남들만큼의 여유로 마음을 비울 줄도 알아야겠다는 각오였다. 억척으로 산다는 일이 얼마나 큰 어리석음인지가 의식의 깊은 우물에서 비웃음처럼 스쳐 지나갔다.

그러나 태풍을 통해 바다가 숨을 쉴 수 있으니 반드시 나쁜 것만은 아니라고 하겠다. 바닷물이 한 번 깊은 숨을 내쉬면서 어종의 물때가 변화함으로써 안 잡히던 고기도 많이 몰리고 전복도 잘 자란다고 한다.

삶 속에서 태풍 같은 시간들을 견딘다. 당시에는 그 시간들이 언제 끝날지 모르기 때문에 어서 지나가기만을 기도한다. 그러나 태풍의 시간을 인내한다는 일이, 바다가 숨을 들이키듯이 삶의 새로운 기운을 불어넣는 정화기간이었다는 것은 훨씬 나중에 깨닫게 된다.

아파보지 않았다면 건강의 소중함을 모르듯이, 전쟁의 경험이 없으면 평화의 가치를 느낄 수 없듯이, 태풍 같은 고통의 시간을 경험함으로써 우리 삶 안에 있는 신비도 바라볼 수가 있는 것이다.

건강, 배신, 재물로 인한 몰락 등 생의 위기는 곳곳에 도사리고 있지만 태풍은 결코 영원한 것이 아니다. 햇볕만 쨍쨍 내리쬔다면 세상이 사막으로 변할까 봐 바람도 비도 우리 곁을 스쳐갈 뿐이다. 세상에 불변하는 것이 없듯이 인생도 그렇게 '지나가는 것'의 연속이라는 것에서 한 가닥 위안을 얻는다.

태풍의 중심에는 핵이 되는 눈이 있듯이, 올해 연말에 있을 대선 또한 '태풍의 눈'이다. 누가 대통령이 되느냐에 따라 우리나라 운명과 정국을 이끄는 위력이 달라진다. 상대 후보를 비방하거나 포퓰리즘에 이끌리지 않고 소신껏 정책 구상을 밝힐 수 있는 올바른 후보자를 뽑을 때 진정한 나라의 발전을 기대할 수 있을 것이다. 소시민의 염원은 그저 국태민안의 화평과 국력의 신장을 바랄 뿐이기 때문이다.

다행히 한반도 전역을 강타한 태풍이 다소 소강상태다. 목포를 지나고 있는 바람이 아마도 부산지역을 잠시 비껴난 듯하다. 지레 겁을 먹고는 베란다 창유리에 X자로 잔뜩 붙여놓은 테이프를 떼 내는 일 또한 만만치 않을 듯하다. 하나의 태풍은 하나의 여름과 함께 그렇게 지나갔다.

〈작품해설 1〉

안과 밖의 세상, 그 너머를 꿈꾸며

김양희의 수필세계 – 수필선집 ≪그대의 흰 손≫

허 상 문

(문학평론가, 영남대 교수)

1

김양희의 수필세계는 여러 모습으로 정리될 수 있겠지만, 한마디로 그의 수필세계를 요약하면 안과 밖의 세상에 대한 끈질긴 의미탐색이라고 할 수 있다. '안과 밖의 세상에 대한 의미탐색'이라는 일견 당연해 보이는 이 주제는 우리 수필계의 현재를 조금만 예민하게 들여다본다면, 분명히 색다른 것임에 분명하다. 지금 우리 수필계에서 많은 작가들은 '안'의 세계에만 주저앉아 일상성과 통속성에 빠져 있지만, 김양희 수필은 언제나 '밖'의 세계를 넘보고자 한다. 안의 세계의 고정된 고유성과 정체성에 머물지 않고, 밖의 세계로 나아가거나 넘어서서 새로운 삶과 세상의 의미를 탐색하고자 하는 작가의 모습을 통하여 우리는 그의 수필의 깊이와 넓이를 가늠케 된다.

김양희 수필은 사물과 세상에 대해 쉽게 단정 짓거나, 단숨에 무언가를 해결하고자 하지 않는다. 그러면서도 그가 바깥 세상으로부터 건져 오는 작품의 시니피앙에 우리는 단번에 도취된다. 그의 작품은 견딜 수 없는 삶의 고통과 슬픔을 견뎌내느라 주변부를 서성거리고 있는, 그리하여 위태롭고 쓰러질 듯한 영역을 아슬아슬하게 넘나들면서 우리를 이끌어간다. 안과 밖의 경계를 힘들게 넘나들면서, 그의 수필은 자신의 맨얼굴을 다 보여주는 안의 세계와 또 다른 낯선 밖의 세계를 탐색하는데 바쳐진다. 존재는 자신과 세상에 대해 또 다른 꿈을 꾸면서 스스로의 심연을 탐색하고 확장해 나간다. 그럼으로써 우리는 점차 다른 존재가 되어가고 다른 세상을 대면하게 된다. 마찬가지로 작가는 스스로의 존재를 변모시키는 바깥 세상에 대한 꿈꾸기를 계속하면서 자아와 세상에 대하여 말한다. 시간과 비시간, 자아와 타자, 현실과 몽상이라는 안과 밖의 세계 사이를 넘나들면서 자신의 존재와 문학을 합치시키고자 한다. 그런 의미에서 진정한 의미에서의 수필은 안과 밖을 동시에 바라보면서 새로운 세상을 꿈꾸는 텍스트가 되어야 한다고 할 수 있다.

김양희의 수필집 ≪그대의 흰손≫에서 가장 많이 등장하는 단어는 '바깥' '문' '창'인데, 그것은 작가가 바라보는 삶과 세상의 안과 밖을 넘나들고자 하는 상징 기제라 할 수 있다. 문학작품이란 작가가 바라보는 삶의 익명성을 다른 방식으로 작동시키는 삶에 대한 재구성이라 할 수 있다. 그리하여 작가가 작품을 쓴다는 것은 구축한 부재와 현존이라는 무한한 미궁에 투명성을 부여하는 만남이며, 소리치고 흐느끼는 이 세상의 모습을 텍스트라는 뼈와 살로 육화시키는 것이다. 그 무언가가 이 세상에서 부재하거나 존재하고 있다고 증언하는 것, 이 증언의 텍스트는 언어의 그림자가 되어 남게 된다. 말하자면 증언의 텍스트로서의 수필은 생성과 소멸의 텍스트이며, 그림자의 텍스트이다.

텍스트가 안과 밖의 가둠과 갇힘에서 빠져 나온다는 것은 작가의 사유가 고정된 진리에 고착된 것이 아니라 빛과 어둠 사이에서 유기적 운동을 거듭한다는 의미이다. 텍스트는 무언가를 드러내 보이고 그것을 밝게 비춰주지만, 어둠이 다가와 암흑이 범람하게 되면 다시 그것은 불명료함 속으로 사라지고 만다. 그러면서 또 다시 빛의 대지 위에서 다시 무언가를 꺼내서 우리 앞에 드러내 보인다. 이러한 운동을 가능케 하는 것은 바로 작가의 사유와 지성의 운동에 의해서이다. 하나의 개념이 개념일 수 있는 것은 개념 안에 존재하는 본질이 아니라 개념 밖에 존재하는 비본질적인 것, 다시 말해 개념의 타자성, 개념 아닌 것, 비개념적인 것을 통해서이다. 이것은 바로 '표현 불가능한 것을 표현'해 내고자 하는 문학적 노력과 같은 것이다. (T. 아도르노)

문학은 세상 그 자체는 아니지만 동시에 세상을 넘나들며 세상을 인식하고 사유할 수 있어야 한다. 세상과 삶에 집중하며 세상의 안은 물론 세상의 밖, 더 나아가 세상 너머의 또 다른 세계가 있는지, 세상의 모든 현실이 부정되었을 때 나타나는 비현실성과 불가능성을 동시에 밝혀야 한다. 새로운 세상에서 드러나는 낯선 것들을 우리의 삶에서 익숙하게 만드는 것, 비현실적인 것을 현실적인 것으로 만드는 것, 이해 불가능성을 가능성으로 만드는 것, 그리하여 우리의 세상과 존재를 새롭게 하는 것이야말로 진정한 문학의 역할이며 수필의 임무이다.

2

김양희의 수필을 읽으면서 그 속에서 허다하게 드러나는 안과 밖의 이미지는 가시적이든 비가시적이든 세상의 모습을 새롭게 바라보고자 하는 작가의 의도에서 우러나는 것이다. 이런 의도들은 서로 다른 차원에서 시작되고 있지만 결국 작가가 세계로부터 물러남 혹은 세계로 나아감이라는 점에서 동일한 의미를 갖는다. 존재와 시간과 죽음의 안과 밖에 대한 인식은 본질적으로 작가의 삶과 세상에 대한 깊은 성찰에서 우러나오는 것이다. 당연한 이야기이지만 삶과 세상에 대한 작가의 깊은 관심과 인식이 없다면 안의 세상과 밖의 세상에 대한 작가의 올바른 독해도 이루어질 수 없다. 예컨대 우리들이 매일 드나드는 '문'은 우리에게 어떤 의미를 가지며 우리는 이에 대해 어떤 인식을 하는가. 김양희에게 '문'은 존재와 시간, 나와 타자, 삶과 죽음을 통과하는 관문이 된다. 더 나아가 문은 "또 다른 세상과의 만남"의 역할을 하는 곳이다.

> 문을 열어보니 어머니는 잠들어 있었다. 그게 이승과의 마지막이었다. 세상과의 연을 문 하나 사이로 마감한 것이다.

숨지기 전 자식들이 저 문을 열어주기를 엄마는 얼마나 애타게 기다렸을까. 문은 세상과의 소통이요 자신을 열어 보이는 통로였다. 열림은 오는 것이요, 닫힘은 가는 것이다. 열린 문은 닫히게 마련이듯이 온 사람 또한 반드시 가게 마련이다. 그러기에 문은 인생이요 작별이요 또 다른 세상과의 만남이기도 하다.

- 〈문〉에서

우리가 일상적으로 지나치는 문에서 작가는 이렇게 중요한 의미를 읽어낸다. '한 쪽 문 닫히니, 다른 쪽 문 열린다.'는 금언대로 안과 밖을 드나드는 문에는 절망과 희망이 공존한다. 열린 문은 희망이요, 닫힌 문은 절망이다. 모든 사물들이 서둘러 극단적으로 나타났다 사라지는 요즘에는 절망 뒤에는 반드시 희망이 뒤따른다는 것, 현실 뒤에는 비현실적인 것이 존재한다는 사실을 사람들은 알지 못한다. 세계의 바깥에는 현재의 존재와는 다른 무언가가 있음을 인식하지 못한다.

문은 인간과 세상의 관계를 가능케 하는 통로이다. "마음의 문이 열렸을 때는 순한 의지가 함께하지만 닫힌 마음 안에는 세상과의 단절이 있을 뿐이다. 상대방을 이해하고 받아들인다는 일은 나를 내어주는 일이다." - (「문」) 인간의 한평생은 수많은 관계를 통하여 이루어진다. 인간과 인간, 인간과 사물, 인간과 세상 사이의 수많은 관계 속에서 우리는 존재한다. 우리들이 몸담고 생활하는 개인적 사회적 공간 속에서, 더 넓게는 자연과 관계를 맺으며 살아가는 것이 인간이다. 그러나 현대사회에서 우리는 관계를 맺는 타자와 소통하기보다는 이기적이고 자기중심적으로 사고하고 행동하기 때문에 크고 작은 갈등에 휩싸인다. 타자와 거리를 둔 채 고립되고 자기중심적인 삶을 살아가기 때문에 세상이라는 숲에는 '어두움의 목소리'가 가득하다.

세상 속에 살면서 외면할 수 없는 관계성은 마치 물고기가 물을 떠날 수 없음과도 같은 것이다. 딸, 아내, 엄마 그 모든 고리가 배제된 공간에서는 한 인간의 내면이 훤히 불빛처럼 비쳐왔다. 창밖에서는 누견이 울었다. 새소리를 들으며 나 역시 세상이란 숲의 한 마리 새였음을 인식한다. 침울했을 때는 가라앉은 소리로, 기뻤을 때는 하이 톤의 맑은 소리로, 존재감을 전했지만 세상 숲에는 여전히 어두움의 목소리가 더욱 많았었다. 숲에서 나와 비로소 나무를 바라보는 시간이다.

- 〈마음의 고향〉에서

현대적 삶에서 나와 타자 사이에는 언제나 경계가 존재한다. 경계란 이편과 저편을 구분하고 타자를 배제하는 것이다. 서로를 구분하고 배제함으로써 공생과 공존은커녕 서로 소통조차 불가능케 된다. 작가의 말대로 "그 경계선 사뿐 넘어가는 길이 무관의 마지막처럼 그렇게 담백할 수만 있다면-." - (「황혼의 사랑」) 얼마나 좋을 것인가. 그렇지 못하기 때문에 인간은 진정한 자기존재를 발견하기 힘들고, 타자와의 관계에서 존재의 의미를 찾을 수 없게 된다. 자기 자신에게만 사로잡히지 않고 타자를 열린 눈으로 바라볼 때 참다운 관계가 이루어질 수 있게 되는 것은 당연한 일이다. 서양철학은 모든 존재가 타자와의 동화가능성을 전제하지 못했다는 점에서 비판되어왔고, 동화 불가능한 타자와의 관계를 새롭게 정립하는 것은 항상 중요한 과제가 되었다. 타자에 응답하는 책임성이야말로 삶의 근본적인 윤리라고 할 수 있는 것이다. (E. 레비나스)

올바른 인간관계의 부재는 세상을 힘들게 하는 근본적 원인이 된다. 김양희 수필에서 삶에 대한 비극적 어조가 깊이 나타나는 것도 이 때문이다. 아프리카의 탄자니아 세렝게티 초원에서 악어 떼가 우글거리는 마라 강과 평화의 상징인 가브 강에서 생존을 위한 몸부림을 치는 동물들과 같이, 인간의 삶도 쫓고 쫓기는 치열한 추격전의 연속이다. - (「마라 강과 가브 강」) 그의 작품에서는 흔히 인생의 고통과슬픔의 근원은 이 암울하게 경쟁적이고 이기적인 세상 때문이라는 비감한 인식이 드러난다.

작가는 삶의 슬픔과 외로움을 우리가 어떻게 서로 보듬고 감싸 안으며 올바른 관계맺음을 이루어야 할 것인지를 거듭 묻는다. 우리들의 상처와 고통 속에서도 작가는 새로운 만남을 위한 소중한 인연을 생각한다. 남편과의 인연이 그렇듯이, 생의 어느 순간에서도 우리는 쉼 없이 인연의 끈을 짜고 있는 것인지 모른다. - (「인연」) 불교적 의미에서는 사람과 사물과 자연과의 모든 인연은 전생의 카르마로부터 시작된다. 낯선 거리에서 사람을 만나는 것도, 어두운 밤하늘에서 하나의 별을 바라보는 것도, 모두 눈에 보이지 않는 어떤 카르마가 작용하기 때문이 아닌가. 우리가 이 세상의 만물과 인연을 맺는 것은 한편의 수필을 쓰는 지난한 과정과 같은 것이라고 작가는 말한다.

3

삶의 현실이 갈수록 세속화되어가는 오늘날과 같은 상황에서 문학이 인간과 세상에 어떻게 기여할 것인가를 고민하는 것은 중요한 일이 아닐 수 없다. 그렇다는 것은 인간이 세속적 욕망에 얼마나 쉽게 굴복하는지, 그것이 우리의 삶에 있어서 얼마나 일상화되었는지를 문학이 살피고 고민하는 것이다. 그런 의미에서 작가들이 언어로 백지를 채워가는 것은 건축가들이 집을 짓는 것과 다르지 않다고 작가는 말한다. "세상의 빈 곳들이 건축가의 땀이 스민 예술혼으로 채워질 수 있을 때, 우리 사는 세상은 보다 아름다워질 것이다. 사람이 없는 집과, 집이 없는 세상을 상상할 수 있는가." - (「집과 사람」) 집이 없는 세상을 상상할 수 없듯이, 문학이 없는 삶을 우리는 상상키 힘들다. 문학 행위란 삶 속에서 그리고 삶을 넘어서 '그 무엇'을 찾아 채워가는 일이다. '그 무엇'이라는 보이지 않는 것에서 그 무엇을 찾아야 하기 때문에 작가들의 고통은 그만큼 힘든 것이다. "백지 위에 문자를 채워 넣는 그 아득한 목마름의 고뇌를 체험" - (「쉼표」) 하는 작가의 고뇌는 그만큼 깊다. 자신의 '손'을 거쳐 간 수필들이 얼마나 커다란 고뇌의 산물인가를 작가는 되돌아본다.

그리고 소출의 보잘것없음에 늘 전전긍긍하며 이 손을 거쳐 간 몇 편의 글들도 떠올려본다. 어쩌다 보니 '왕후의 밥'이요 '걸인의 찬'이라는 수필의 글밭에 적을 두게 됐지만 백지 위에 나체의 문학을 수놓기가 어디 만만한 일이던가. 퍼내면 다시 고이는 옹달샘처럼 글샘도 새록새록 청정한 심상으로 고여 줬으면 좋으련만 그 또한 난감할 때가 한두 번이 아니다. 내 글이되 내 손을 떠나면 서릿발 같은 독자의 비평은 이미 내 몫이 아닌 것, 그러기에 과학자의 눈과 철학자의 두뇌를 나는 가졌는가 항시 자문해보곤 한다.

〈손에 관한 명상〉에서

작가의 말대로 우리가 불면의 밤을 지새우며 써놓은 글을 방망이로 두드리는 시간이 어디 하루 이틀인가. 오래 삭혀서 빚어내는 한 줄의 고요하고 단정한 문장은 마음속에 깊은 울림을 가져다준다. 그것은 뼈를 깎는 정신고통이라고 해도 구원받을 수 있는 아름다움이라면 작가는 고뇌하는 밤이 행복하다. -(「인연」) 그렇기 때문에 우리는 한 줄의 글을 위해 밤의 시간을 마다하지 않는다. 모든 사람들이 잠든 밤의 시간은 존재자들을 정적의 시간으로 내몬다. 밤의 시간 속에서는 사물에 대한 이미지가 새롭게 무르익어 가고, 더 이상 존재하지 않는 시간 속에서 나와 세상은 하나로 존재한다. 그 속에서는 안의 세계와는 다른 바깥 세계와의 사유와 대면하게 된다.

김양희 수필에서 바깥 세계와의 사유는 사람과 풍경과의 만남을 통하여 이루어진다. 그는 세상 곳곳에서 살아가는 사람과 그들의 삶에 대한 깊은 사랑과 공감을 지니고 있다. 그래서 그가 만난 사람들, 정호승, 나태주, 구상, 법정스님, 안중근, 안드레아 보첼리 등은 모두 자신의 삶의 기쁨이 되고 슬픔이 된다. 뿐만 아니라 그가 바라본 풍경들, 제주, 선운사, 대가야제국 고분과 그리고 외국의 말레이시아의 휴양지 랑카위, 터키, 스페인은 모두 삶의 흔적이 되어 남는다. 작가는 바깥이라는 공간을 따뜻한 생명의 시선으로 바라본다. 그리하여 안과 밖이라는 구분의 단서가 되는 사람과 풍경과의 대화를 통해서 함께 살아가야 할 또 다른 세상을 꿈꾼다.

인간과 세상에 대한 이런 깊은 사랑의 마음은 어디에서 우러나는 것일까. 그것은 바로 인간의 선악을 권계하고 신을 숭배하는 마음에서 행복을 얻고자 하는 작가의 종교적 심성에서 우러나오는 것이 아닌가 한다. 실제로 김양희는 깊은 종교적 믿음을 지닌 작가라는 사실이 작품 여러 곳에서 나타나고 있다. 재소자 방문을 했을 때에도 '세상의 법으로는 그들은 담 안에 있고 우리는 바깥에 있지만 하느님의 법으로는 그 반대일지도 모른다.' (「문」)고 생각할 정도이다. 종교에는 성스럽거나, 초자연적이고 초경험적인 존재나 세계에 대한 믿음이 존재한다. 이런 믿음은 인간 존재와 삶의 근원적이고 궁극적인 의미와 문제를 해결하는데 중요한 의미를 갖는다. 또한 이 같은 믿음이 인간과 세상에 대한 깊은 사랑과 공감을 낳을 수 있다는 사실 때문에 종교의 진정한 필요성이 강조되기도 한다.

"기도는 영혼의 푸르름이다. 기도하지 않을 때 내 영혼은 헐벗은 겨울 산이었다. 영적인 메마름 또한 기도하기 위해 부르는 구원의 손짓이다." (「봄날」)이라는 작가의 언명에서도 잘 드러나듯이, 작가의 종교적 믿음과 기도는 인간과 세상에 깊은 위안과 희망을 위한 메시지를 던져주고 있다. 김수환 추기경의 모습을 다룬 〈인간의 길, 신의 길〉, 젊은 시절부터 알고 지내던 수녀님의 죽음을 묘사한 〈그대의 흰손〉, 수도원의 침묵피정의 시간을 이야기하는 〈마음의 고향〉과 같은 수필은 모두 그러한 작가의 믿음을 잘 보여주는 작품이다.

4

김양희의 수필은 자아와 개인의 차원에서만 머물지 않고 끊임없이 이로부터 벗어나고자 하는 '탈자아적 글쓰기'를 시도한다. 그의 수필은 폐쇄적이고 일상적인 자아에서 벗어나 세상 저 너머의 모습을 바라보고자 한다. 말하자면 김양희의 수필은 그의 글쓰기가 도달한 지점이 아니라 그곳을 넘어서는 또 다른 곳에 있다. 그리하여 그의 작품은 해석이 멈춘 곳에서 또 다른 해석을 낳는다.

문학작품이 인간과 세계와의 소통에 근거를 두고 있는 이상, 작가가 새로운 삶과 세상을 넘보고 꿈꾸는 것은 당연한 일이다. 그리하여 진정한 작가는 언제나 현재를 통하여 과거와 미래의 시간을 동시에 꿈꾼다. 궁극적으로 작가는 비록 불완전한 언어일지라도, 시간과 존재를 넘어서는 새로운 세상을 꿈꾸고 그것을 표현할 수 있는 언어를 찾는 것이다.

김양희 수필은 우리들에게 많은 것을 이야기하지 않지만 우리는 그의 수필을 통하여 많은 것을 듣는다. 그는 우리 곁에 가끔 존재하지만, 그의 수필은 우리 곁에 항상 존재하는 듯하다. 오히려 부재를 통해 우리가 미처 보지 못하고 듣지 못했던 현존을 더욱 풍부하게 드러내고 있다. 김양희의 수필은 현재에서 과거와 미래를 바라보고, 부재에서 현존을 찾는다. "바람의 끝이 또 다른 바람을 몰고 오듯이 하나의 생이 넘어진 곳에는 또 다른 생이 시작된다."(「황혼의 사랑」)는 말대로, 그는 안과 밖의 세상 그리고 그 너머를 꿈꾸고 있다.

〈작품해설 2〉

출분의 기능과 환승역의 의미

- 김양희의 수필세계

강 돈 묵

(수필가, 수필평론가)

1. 들어가면서

수필문학은 작가의 삶이 소재가 된다는 것은 두말할 필요가 없다. 작가가 자신의 삶에서 취택한 소재에 의미를 부여하고, 얻어진 의미를 해석하여 그것을 형상화하는 것이 수필이기 때문이다. 이러기에 작가가 어떠한 삶을 살아냈느냐가 수필의 깊이에 지대한 영향을 미치게 된다. 늘 새로운 소재를 찾아나서야 하는데, 작가가 특이한 삶을 살았다면 그만큼 글쓰기의 자산을 가지고 있는 셈이 될 것이다. 비단 다른 사람과 차별화된 삶은 아닐지라도 하루하루 삶의 의미를 찾으면서 반추하는 생활을 지속해 왔다면 나름의 작품세계를 견지

하는 데에 도움이 되었을 것은 당연한 일이다.

글의 생명력이 새로운 소재, 새로운 해석, 새로운 형상화에 연결되어 있기에 작가의 삶은 그래서 커다란 의미를 갖게 된다. 수필이 함유하게 되는 주제는 사람이든 사건이든 사물이든 그 소재에 대해 본질을 찾아 의미를 부여하는 작업에서 얻어진다. 이를 학자들은 '낯설게 하기'로 정의한다. 늘 보아온 사물이나 사건이라도 오늘 처음 대하는 것처럼 인식하고 다가갈 때, 그 의미는 확연히 다르게 나타나기에 '낯설게 하기'를 요구하는 것이다. 반복된 일상은 추상화되고, 단순화되기 쉽기 때문에 그렇다. 이러한 과정을 거쳐서 새로운 형상화가 이루어지면 작품은 나름대로 존재의미를 함유하게 되는 것이다.

1999년 ≪수필과비평≫으로 문단에 나온 김양희 작가는 이미 데뷔하기 전에 여행을 기록한 ≪순례의 여정≫을 출판하였고, 데뷔 후에 수필집으로 ≪홀로 우는 바람소리≫(2003), ≪사랑에 죽다≫(2007) 등 두 권의 수필집을 상재한 바 있다.

수필집에 나타난 김양희 작가의 삶은 과연 어떠한 것이었을까. 몇몇 작품을 통하여 한 작가의 삶을 헤아려 본다는 것은 무리가 따를 수 있지만, 그 중에서도 어렵지 않게 유형화된 모습이 나타난다면 그것은 그의 삶의 한 모델로 간주할 수 있다. 왜냐하면 작가의 눈은 관심이 많은 분야의 것에 대해서는 민감하게 반응하기 때문이다. 그리고 그것이 작가의 정신적 작용을 거쳐 작품으로 형상화되기 마련이다.

우선 그런 측면에서 판단의 잣대를 대고 김양희의 수필세계를 살펴보면 몇 가지 유형이 나타난다. 철저한 가톨릭신자라는 점, 여행을 즐기는 작가라는 점, 그리고 그 여행도 계획된 여행보다는 삶의 무게를 내려놓는 수단이라는 점, 또 예사로운 일상 속에서 커다란 의미를 찾아 나선다는 점, 문장 속에 심오한 의미를 끼워 넣는다는 점, 더러는 세상에 대고 할 말이 많아 목청을 돋우는 경우도 있다는 점 등으로 요약할 수 있다.

2. 김양희의 수필세계

2-1. 종교적 삶의 그림자—가톨릭

작가에게 있어서 어떠한 사고로 사물을 인식하느냐 하는 문제는 매우 중대하다. 그 인식의 기저에는 사상이 존재한다. 사상이 없는 글은 생명력이 약하고, 끌고 나가는 이야기가 방향을 상실하여 주장에 흔들림을 초래하기도 한다. 확고한 사상의 지원을 받은 글은 그래서 명쾌하게 독자에게 다가선다. 작품 속에 내재한 사상은 작가의 삶 속에서 저절로 형성된다. 물론 의도적으로 배려하여 사상을 얻는 경우도 있겠으나, 대개의 경우는 생활 속 체험에서 형성되기 마련이다. 가령 어려서부터 가톨릭교를 믿는 집안에서 성장한 아이는 가톨릭사상에 저절로 젖게 되는 이치와 흡사하다. 이렇게 형성된 사상은 하나의 사건을 만났을 때에 해석하고 해결하는 방법에 있어서 가톨릭적인 방법을 택하게 되는 것이다.

작가가 가지고 있는 사상이 종교적인 힘이 바탕이 되면 더욱 견고하고 흔들림이 없다. 하나의 사건이나 사물을 접해도 종교적인 측면에서 이탈하지 않고, 바라보고 사고하고 판단하고 선택한다. 뿐만 아니라 작가는 이러한 소재들을 소홀히 흘려버리는 법이 없다. 관심이 많기 때문에 그냥 스치지 않는다. 작가는 일상 체험 중에서 자신이 가장 관심 많은 분야의 소재를 취택한다.

작가 김양희의 일상은 가톨릭의 율법에서 벗어남이 없다. 비단 사제의 헌신적인 봉사에 대한 이야기지만, 어느새 작가 김양희도 깊이 그곳에 가서 마음하고 있는 것이다. 단순한 사제의 삶에 대한 정보가 아니라 자신이 그 일에 동참한 듯이 사고하고 감탄하고 감사한다. 한 사제의 거룩한 삶을 통하여 아름답고 영원한 삶의 가치를 받아들이며, 자신의 삶을 반추하고 있는 것이다.

이는 그의 사상이 되기도 하고, 모든 일의 판단 기준이 되기도 한다. 자신의 일생을 종교에 귀의하여 사랑을 베푸는 신부나 수녀들의 삶이 작가의 눈에 자주 포착되는 것도 이런 까닭이다. 모든 것이 열악한 아프리카에 가서 지극한 사랑과 헌신적인 봉사로 하느님의 말씀을 전하는 신부의 삶은 그래서 작가 김양희에게는 커다란 자극으로 나타난다.

> 단지 가장 보잘것없는 사람에게 베풀라는 예수님의 말씀과, 아프리카 원주민들과 함께 평생을 헌신한 슈바이처 박사, 그리고 자식을 위해 헌신적인 모범을 보여준 어머님의 고귀한 삶이 그를 거기 있게 한 스승들이었다.
>
> ……〈중략〉……
>
> 한 사제의 거룩한 삶을 통해 역동적으로 역사하시는 하느님의 모습을 느껴볼 때, 먼 나라에서 일어난 일들은 바로 우

리들의 이야기로 다가오게 된다. 육신이란 바람에 흘러가는 누더기에 불과한 것, 영혼은 태어나지도 죽지도 않으리니 끝나는 일도 결코 없으리. 영혼의 주인에게 돌아갈 때 이 빈손에 무엇을 들고 갈 것인가. 삶의 진정한 가치를 추구하는 젊은 사제의 모습이 진정 아름답기만 한다.

- 〈빈손〉에서

종교적으로 깊이 안주해 있는 작가와 그렇지 않은 작가 사이에는 커다란 차이가 있다. 종교에 깊은 관심을 갖고 있는 작가는 모든 사고의 근저에 종교의 힘이 상존한다. 작가에게 있어서 가톨릭이라는 테두리는 삶의 울타리이고 보호막이 되는 셈이다.

2-2. 일상에서의 출분—여행

김양희는 여행을 즐기는 작가다. 그리고 그 여행을 헛되게 흘려보내지 않고 반드시 글로 풀어낸다. 어쩌면 문단에 나오기 전에 한 권의 기행문집을 갖고 있었다는 것도 같은 맥락에서 이해해야 할 것이다.

특수한 작가에게 있어서는 여행이 일상인 경우도 있다. 그래서 여행하는 것이 뭐 그리 대수냐 하는 식으로 일상으로 받아들이기도 한다. 이런 경우 쓰는 수필은 여정에 대한 기록이 그리 중요하지 않다. 그냥 여행 중에 얻은 정보로 일상에서 소재를 선택하듯 수필을 써 내리게 된다.

하지만 대부분의 작가에게 있어서 여행은 일상이 되지 못한다. 특이한 삶의 기회일 뿐이다. 여행은 글의 소재가 특이하여 독자들을 움켜잡을 수 있는 힘을 이미 확보한 것이나 다름없다. 수필이 새로운 소재, 새로운 해석, 새로운 형상화를 요구한다면, 우선 새로운 소재로 독자들의 관심을 끌 수 있다. 그러다 보니 기행수필의 영역에서 이탈하지 않는다. 여행을 하게 된 동기에서부터 시작하여 여정은 물론 보고 들은 것을 욕심껏 나열한다. 그러기에 여행의 동기가 중요한 의미를 갖고 작품에도 크게 작용한다. 동기에 따라 어떠한 일이든 커다란 의미의 차이가 나타나기 때문이다.

흔히 여행은 계획을 세우고 그 계획에 따라 움직이게 되는데, 작가 김양희의 경우는 대개 힘든 현실에서의 잠시 갖는 외출이고 쉼이다. 이 외출에서 작가는 자신은 물론 주위에 포진한 것들의 현상을 되돌아보고 관조하며 하나의 위안을 획득한다. 이러한 관조를 통해 얻는 것이 수필이다. 수필이 관조의 문학임을 십분 활용하고 있는 것이다.

> 시간의 길 위에서 더러는 느긋한 여행을 꿈꾼다. 여행이야말로 삶이 한 박자 쉬어가는 자리. 나를 드러내며 남을 보기도 하는 그 속에서 미처 몰랐던 자아의 현주소를 찾기도 하기에 누구나 여행을 추구하는지도 모른다. 쉼표가 새겨지는 삶의 자리, 마음은 언제나 어디서든 떠나고 싶어 한다.
>
> -〈쉼표〉에서

이러한 작가의 의식은 〈방랑과 자유〉에서 확연히 드러난다. 힘겨운 현실생활에서 출분의 상념을 싣고 떠나는 것, 그것이 여행이다. 잠시 현실에서 잠적하여 쉼을 찾는 것이 여행인 것이다. 모든 일상을 내려놓고, 미지의 한 곳을 향해 떠나면 개운해지고 심연이 맑아지리라 믿는다. 그러나 그게 아니다. 현실을 떠나 사유의 바다에 와 있어도 영원히 자유로울 수는 없는 것, 언제나 그렇듯 사념은 따라다니고, 털털거리는 고물 미싱이 나를 현실에 맞대고 박음질하고 있는 것이다.

하지만 그 속에서 작가는 삶의 지혜를 터득한다. 여행 중에 부딪친 모든 것들이 그에게 삶의 지혜를 일러준다. 어부, 매표원, 수녀 어느 하나 스승이 아닌 사람이 없다. 삶의 현장에서 주어진 배역에 최선을 다하는 것, 그것만이 단순하고도 지극한 아름다움이라는 그 진부한 깨달음이 협량狹量의 틀에서만 뒤척이던 작가에게 소중한 체험으로, 또 수확으로 다가온다. 결국 자신의 삶은 그 누구도 대신해 줄 수 없는, 자신이 끌어안아야 할 몫이라는 것을 깨닫는다. 그래서 작가는 출분의 깃발을 접고 다시 일상으로 회전하여 돌아올 수 있는 것이다. 다행인 것은 그 후 작가는 세파의 파도 앞에 다시 당당히 나설 수 있다는 점이다.

해안도로를 따라 옹기종기 펼쳐지는 작은 어촌마을을 지나 S읍으로 가는 버스는 가파른 숨을 내뿜는다. 일상의 탈피를 위한 내 출분의 암울한 상념을 싣고서 ….

부서지는 파도가 가슴에 와 안겼다가 가라앉은 회한을 걷어가고는 또 다른 사념의 꼬리를 몰고 온다. 생애 처음으로 낸 일단의 용기를 조롱하는 양 노을 속에서 바다는 밀려오고 밀려간다. 내면의 심층 내부에서 비로소 일탈을 구가하는 자유의 바다, 범람하는 석양의 파도자락은 내 안의 또 다른 나를 향해 조소인 양 동정인 양 손을 흔들고 있다. 어서 빨리 오라고 철썩, 어서 빨리 가라고 쓰르르쏴아.

……〈중략〉……

어느 날, 손 안에 쥐고 있던 모든 것을 놓고 싶었다. 미지를 향해 한 번쯤 떠나가라. 그리하면 네 의식의 심연深淵이 창포물에 머리를 행구 듯 맑아지리라. 나는 그 영혼의 울림에 충실히 응답했고 집에는 메모 한 장을 남긴 채 달랑 여행가방을 집어 들었다. 어디로 갈 것인가.

……〈중략〉……

돌아오는 길에 얻은 소박한 진리는 결코 먼 데 있지 않았다. 해변에서 어망을 손질하던 어부의 손길, 터미널에서 무심히 버스표를 나눠주던 매표원, 평생 보이지 않는 신을 섬기며 세상의 구도를 몸짓으로 사는 수녀님들, 그들이 바로 나의 스승이었다.

- 〈방랑과 자유〉에서

이와 같이 작가 김양희에게 있어서 여행은 일상이 아니라 현실에서 짊어진 짐이 힘에 겨우면 잠시 선택하는 출분의 수단이고, 쉼의 선택인 것이다.

2-3. 대립된 두 세계의 다리—쉼표, 문, 환승역

작가 김양희에게 있어서 대립되는 두 세계의 연결지점에는 반드시 장치가 되어 있다. 그것이 다리인 것이다. 다리는 강물과 같은 장애로 둘로 갈라진 지역을 연결시키는 기능을 가지고 있다. 또 위와 아래로 갈라진 경우에는 '사닥다리'가 그 임무를 맡는다. 사람과 사람 사이에는 무수하고도 다양한 장애로 화합하지 못하고 겉도는 경우가 허다하다. 여기에도 두 사람의 떨어진 마음을 관계하게 하는 다리가 필요하다.

문장도 사람살이와 비슷하다. 부드럽게 흘러가야 한다. 우리의 사고를 문장으로 풀어낼 때에는 논리에 맞아야 하고, 정확해야 하고 연결이 부드러워야 한다. 이때에 글쓴이는 정확한 문장부호를 사용해야 명쾌한 문장을 완성할 수 있다. 마침표는 끝을 내기 위해 사용하지만, 쉼표는 또 다른 것과의 연결을 위해 숨을 고르는 경우에 사용하다. 쉼표는 말을 하다가 잠시 멈추고 사고의 창고에 이야기꺼리를 재충전하는 표시로 말하기와 듣기의 슬기로운 연결고리가 되기도 한다.

> 인생도 십년 주기로 쉼의 자리가 찾아들었다. 그것은 고난의 다른 이름이었다. 승승장구만 한다면 고개 숙이는 일을

모를까봐 주기적으로 신의 망치가 톡톡 이마를 치고는 달아났다. 맞을 때는 그것이 천애 낭떠러지인 줄 알았는데 돌아서면 또 다른 길이 보이곤 했다. 마침표는 끝을 내는 일이지만 쉼표는 또 다른 것과의 연결을 위해 잠시 숨을 고르는 일이었다.

대화의 중간에도 적당히 쉬는 일은 생각의 깊이를 더해준다. 혼자서 말하기만 한다면, 또 말없이 듣기만 한다면 무슨 의사소통이 될 것인가. 내가 말할 때, 상대방이 말할 때를 지혜롭게 가린다는 것은 쉬운 듯하지만 어려운 일이다. 많이 말한다고 해서 많이 아는 것은 아닌데도 착각하고 사는 이가 얼마나 많던가. 대화 중에 불쑥 끼어드는 일보다는 충분히 들은 후 여유를 갖고 하는 말은 언중의 깊이를 더해줄 뿐만 아니라 인품마저 돋보이게 할 것이다.

- 〈쉼표〉에서

'문'은 두 세계의 통로이다. 삶과 죽음의 통로에도 문이 있다. 그 문의 안에 있느냐 밖에 있느냐에 따라 그 존재의 생명은 좌우된다. 이 문을 어떻게 관리하느냐에 따라 존재의 의미는 상반된다. 그래서 문은 열림과 닫힘으로 그 기능을 확연히 구분한다. 열림은 오는 것이요, 닫힘은 가는 것이다.

새로운 세계를 향할 때는 문은 시작이 된다. 이 문은 확연히 다른 두 시계의 연결고리이기도 한다. 여기서 작가는 문을 어떻게 하느냐에 따라 자신의 삶의 궤적이 달라짐을 귀띔한다. 희망인 열린 문과 절망인 닫힌 문 중 어느 것을 택할 것인가는 순전히 자신에게 달려 있는 문제다. 마음의 손잡이는 안에만 달려 있어서 남은 열어 줄 수 없고, 자신만이 열 수 있기에 모든 문제는 자신이 해결해야 한다.

문門을 열어보니 어머니는 잠들어 있었다. 그게 이승과의 마지막이었다. 세상과의 연緣을 문 하나 사이로 마감한 것이다. 숨지기 전 자식들이 저 문을 열어주기를 엄마는 얼마나 애타게 기다렸을까. 문은 세상과의 소통이요 자신을 열어 보이는 통로였다. 열림은 오는 것이요, 닫힘은 가는 것이다. 열린 문은 닫히게 마련이듯이 온 사람 또한 반드시 가게 마련이다. 그러기에 문은 인생이요 작별이요 또 다른 세상과의 만남이기도 하다.

그러나 문은 마지막이 아니요 시작이다. 더러는 입시의 문을 통해 청운을 꿈꾸기도 하고, 인과의 연을 통해 배필을 만나기도 하기 때문이다. 일찍이 짝을 만나 생활의 이삭들을 빨리 거두는 이가 있는가 하면 학문이나 환경, 운명 때문에 늦게 서야 가정을 꾸리는 이들도 있다.

- 〈문〉에서

우리는 새로운 세계 앞에서 멈칫하며 고민한다. 그 세계가 원만한 곳이라면 덜하겠으나, 그렇지 않고 죽음의 공포가 상존하는 절체절명의 상황이라면 더욱 고통스러운 일이다. 어느 세계로 자신이 향할 것인가도 중요하지만, 어떤 방법으로 새로운 세계에 접근할 것인가도 고민거리다. 그래서 우리는 환승역에서 내리고 다시 옮겨 타기 위해 많은 고민을 하게 되는 것이다.

〈마라강과 가브강〉에서는 맹수의 표적이 되지 않기 위해 누 떼들이 질주한다. 한발만 늦춰져도 맹수의 표적이 되기에 사력을 다해 낙오되지 않으려 한다. 맹수들이 노리는 영역의 끄트머리에서 마라강은 앞을 가로막고 다가온다. 그 강에는 누를 잡아먹겠다고 악어가 입을 벌리고 기다리고 있다. 함께하던 새끼가 악어에 잡혀 핏물로 사라져가도 앞만 보고 가야 하는 처지인 누 떼들. 여기서 고뇌에 빠지는 것은 당연하다. 선택의 여지도 없는 현실에서 어쩔 수 없이 강물로 뛰어들어야 하는 누 떼들의 절박한 처지는 바라보기에도 처절하다. 그러나 마라 강을 건너면 푸른 초원이 기다리고 있다. 여기서 마라 강은 누 떼들에게 환승역임이 분명하다.

이에 반하여 피레네 산맥에서 발원한 가브 강은 세상의 아무런 불목이나 불화도 모르는 채 조용히 흐르고 있다. 세계 각지에서 몰려든 환자들의 휠체어 물결들과 함께 드넓은 초원을 잔잔히 흐르며 평화의 그림을 그리고 있다.

여기서 작가 김양희는 이 두 강물의 교차점 앞에서 자신의 삶을 돌이켜 본다. 자신이 이 교차점에서 그리 오랜 세월 속에 머무르지 않았음을 감지한다. 그리고 자신의 삶이 멈추지 말고, 당당히 흘러야 하는 현재진행형의 철새임을 깨닫는다.

작가 김양희에게 있어서 '다리', '쉼표', '문', '환승역'은 두 세계에 대한 가름의 지점이 되기도 하고, 연결의 지점이 되기도 한다. 바로 이 지점에서 어떠한 선택을 하느냐에 따라 그의 삶의 가치는 확연히 달라진다.

2-4. 빠뜨릴 수 없는 영원한 테마—사랑

사랑의 테마는 영원하다. 고정된 것이 있을 수 없고, 유형화하기조차 어렵다. 그만큼 다양한 형태를 가지고 있는 것이 사랑이다. 기왕에 나온 유형에 머물지 않고 앞으로 무수히 다양한 형태로 나타날 수 있는 것이 사랑이다.

작가 김양희는 어떠한 사랑에 가치를 주었을까. 작가의 심층에 흐르고 있는 사랑의 형태는 순수의 사랑에 줄을 대고 있다. 타산적인 것이 아닌 오로지 순수한 사랑으로 짜여 진 것에 깊은 의미를 두고 있다.

부부간의 사랑은 절실한 아픔을 동반한 것이 아름답다고 보고 있다. 마른 갈잎이 타는 절절한 통증의 사랑은 긴 세월이 흐른 후에 바라보면 아름답기 그지없다는 것이다. 그 사랑은 결코 닿을 수 없는 포구였기에 멀리서 바라보며 목이 타는 갈증으로 가슴에 와 닿는다.

경북 안동의 조선시대 무덤에서 발견된 지편紙片, '원이 엄마의 편지'에 작가의 시선이 머무는 것도 그래서 당연하다. 짧은 기간 부부로 같이하고 홀연히 떠난 남편을 그리워하는 애달픈 이 편지는 작가의 사랑관을 말하기에 너무도 충분하다. 진정한 부부간의 사랑에는 이같이 절절한 통증을 요구하는 것인지도 모를 일이다.

작가 김양희의 사랑관을 나타내주는 글이 또 하나 〈종시 이것뿐이로다〉에 나타난다. 이 글은 오래전 세상을 떠들썩하게 했던 청마와 정운의 사랑이 화두이다. 여기에서도 이루어질 수 없는 사랑 앞에 슬픔과 고독을 감내해야 했던 두 사람의 사랑에 귀 기울이고 있다. 이러한 슬픔과 고독이 반드시 아름다운 사랑을 익게 하는 데에 관계하고 있다고 보는 것이 작가 김양희의 시각이다. 한발 더 나아가 작가는 애석함에 드러냄표를 보태고 있다. '길고 긴 청마의 연보에는 어디에고 정운의 이름이 없다.' 바로 이것이 김양희 작가의 사랑에 임하는 태도이다.

> 사랑에 죽다. 혹은 사랑에 살다. 사람들은 그렇게 사랑 때문에 죽기도 하고 살기도 한다. 남을 기쁘게 해주고 싶어 안달이 난 사람이 아니더라도 사랑에 빠진 사람은 즉물적으로 운명의 사슬에 걸려 죽고 살고 하게 된다. 사백 년 전 여늬의 사랑이 그랬고, 아바나 카탈리나 로사의 사랑이 그랬다. 미라를 통해 다시 태어난 사랑, '우리는 헤어지지 않았습니다.'
>
> - 〈우리는 헤어지지 않았습니다〉 에서

> 하나의 아름다움이 익어가기 위해서는 반드시 하나의 슬픔과 하나의 고독도 함께 깊어져야 한다고 믿었던 사람, 평생을 한 여인을 가슴에 묻었건만 그의 길고 긴 연보에는 어디에고 정운(이영도)의 이름은 없다. 사람의 생애에는 드러나는 삶과 드러나지 않는 삶이 있다.

- 〈종시 이것뿐이로다〉에서

2-5. 자연의 질서 안에서—순환

자연을 바라보는 작가 김양희의 시간은 '순환'에 맞춰져 있다. 순환은 자신의 흘러가는 궤적이 되기도 하지만, 전체 속에 부분이 유기적으로 호응하는 수단이 되기도 한다. 자연의 질서에 저항하지 않고 순리대로 살려는 태도가 이러한 질서를 원만히 받아들인다. 그 시각은 한 걸음 더 나아가 모든 물상들은 이 순환의 궤도에 올라타기 위해 기다리고 있음으로 판단한다.

순환에는 사물의 변화에 따른 순환도 있지만, 시공간의 순환도 빼놓을 수 없다. 작가도 이 순환의 질서에서 예외일 수 없음에 자신의 모든 흐름이 떠남의 시기나 변화에 순응하고 있는 것으로 파악한다.

자신 내부에서의 변환과 순환만이 아니고, 인간과 자연과의 순환에도 작가의 시선이 머문다. 세상살이에 찌든 농부가 구부정한 어깨로 오줌통을 채전에 부어도 순환이다. 오줌은 갈급한 토양에 양분을 제공한다. 사람의 몸에서 나온 오물이 다시 흙으로 들어가 토양에 양분을 제공하고, 그 흙에서 자란

채소가 우리 인간의 체내로 다시 흡수되니, 결국 이는 인간과 자연의 순환관계인 것이다.

여기서 작가는 더 많이 갖기 위해 안달하는 삶에 부끄러워한다. 인간에게 있어서 부와 가난도 역시 영원한 것이 아니고, 잠시 내게 머물다 가는 순환의 고리일 뿐이라고 깨닫는다.

> 떠나는 것이 어찌 세간의 정뿐이던가. 항구에 정박한 배는 떠나기 위해 서 있는 것이요, 찬란한 아침햇살은 밤의 고요를 보냈기에 온 것이 아니던가. 모든 시간은 태어나자마자 옛날이 되고 윤기 나는 새것은 빛바랜 헌것으로 변함이 거부할 수 없는 삶의 이치이다. 이렇듯 시간이나 공간이나 물리적인 현상마저도 인생의 모든 흐름이 떠남의 시기나 변화에 순응하는데 있는 것이 아닐까.
>
> - 〈떠나보내기〉에서

> 구부정한 어깨에 찰랑찰랑 넘치는 노란 오줌통을 한 뼘 채 전 밭에다 철철 뿌리고 있다. 푸석푸석한 흙의 기운이 갈급한 듯 양분을 받아 대지는 수분을 빨아들인다. 몸에서 나온 것이 다시 몸으로 들어가는 자연과 인간의 순환관계다. 가난

은 죄가 아니라 단지 불편할 뿐이라고 했던가. 그러나 내 눈은 발갛게 부은 그 남자의 새끼발가락에서 떠날 줄을 모른다. 그리고는 더 가지지 못해 안달했던 마음속 가난을 부끄러워한다.

- 〈안창마을 이야기〉 에서

작가 김양희는 휘몰아치는 비바람처럼, 다시 튕겨져 오르는 폭포의 물처럼 세상의 순환에 거역하는 경우는 없다. 조용한 날에 차분히 흐르는 시냇물처럼 순환할 뿐이다. 모든 삶은 자연의 질서에 따라 움직이는 것으로 판단한다. 그의 여행이 삶에 대한 거역이 아니고 쉼이기에 바로 회전할 수 있는 것과 무관하지 않다.

3. 나가면서

작가 김양희의 수필세계를 유형화해 정리해 보았다. 분명 김양희 작가는 문장의 행간에 심오한 뜻을 끼워 넣는 작가다. 그것이 지나쳐서 독자에게 부담으로 남을 경우도 있다. 초기의 단아했던 문장은 세월의 때가 묻어 욕심의 흔적도 보인다.

그러나 그것은 특수한 독자들에게는 입맛을 돋우는 조미료가 될 수도 있다.

그는 철저한 가톨릭의 율법으로 무장되어 있다. 종교적 소재가 자주 등장하는 것도 그의 일상의 한 편린을 보여주는 것이라고 하겠다. 그리고 그것들이 취택되어 진실한 사랑과 헌신적인 봉사로 작가에게서 되살아난다.

그에게 자주 선택되는 여행은 삶에서 비롯된 가쁜 숨을 고르는 시간이다. 출분했다가 이내 돌아와 일상에 칩거할 수 있는 것도 쉼의 몸짓이었기에 가능하다. 인생을 여행에 비유하여 일상으로 받아들이고 해석하는 입장보다는 현실에서 빠져나와 거리를 두고 객관화하여 스스로 자신을 바라보는 방법으로 동원하고 있다.

작가는 변환의 자리에서는 심사숙고하는 태도를 견지한다. 변환의 지점인 다리, 쉼표, 문, 환승역에서 대립되는 두 세계에 깊이 들어가 자신을 성찰한다. 그것은 자신의 성찰에만 머무는 것이 아니고, 한층 더 깊은 세계로 발돋움하기 위한 숨고르기이다.

작가 김양희에게 있어서 가장 소중한 사랑은 절실한 아픔을 동반한 사랑이다. 늘 좋기만 한 사랑보다는 마른 갈잎이 타는 절절한 통증의 사랑이 아름답다고 보고 있다. 그 사랑은 결코 닿을 수 없는 포구였기에 멀리서 바라보며 목이 타는 갈증으로 가슴에 남는다.

자연의 질서 속에서의 순환도 작가 김양희에게서는 당연한 귀결이다. 매사를 서두르지 않고 순리대로 풀려는 자세이다. 그리고 그 모든 것은 자연의 순환에 일익을 하고 있다는 판단에서 비롯된다.

이상에서 살펴보았듯이 수필은 작가의 삶에서 빚어지는 문학이다. 작가 김양희의 수필에는 삶의 철학이 농밀하게 함유되어 있다. 어느 작가나 다 그렇겠지만, 특히 김양희 작가는 신변사에서 취택한 소재에 깊은 생의 의미를 부여하는 데에 남다른 면모를 보여준다. 그가 쓴 수필의 행간에는 심오한 뜻이 내재해 있다. 이 모두 관조와 달관에서 얻어진 것이다.

그는 십년의 세월에 두 권의 수필집을 상재하였다. 앞으로 불같은 작가 혼으로 더 심오한 세계를 풀어낼 김양희 작가에게 기대를 해 보며 다음 작품을 기다린다.

김양희 제5 수필집

흔적

초판1쇄 발행 2018년 5월 1일

지은이 김양희
펴낸이 이길안
펴낸곳 세종출판사

주소 부산광역시 중구 흑교로 71번길 12 (보수동2가)
전화 051-463-5898, 253-2213~5
팩스 051-248-4880
전자우편 sjpl@chol.com
출판등록 제02-01-96

ISBN 979-11-5979-216-8 03810

값 13,000원

부산광역시 BUSAN METROPOLITAN CITY 부산문화재단 BUSAN CULTURAL FOUNDATION
본 도서는 2018년 부산광역시, 부산문화재단 지역문화예술특성화지원사업으로 지원을 받았습니다.

이 도서의 국립중앙도서관 출판예정도서목록(CIP)은 서지정보유통지원시스템 홈페이지(http://seoji.nl.go.kr)와 국가자료공동목록시스템(http://www.nl.go.kr/kolisnet)에서 이용하실 수 있습니다. (CIP제어번호: CIP2018013546)